Wir danken

Reinhard Braasch · Marie-Luise Busse · Vera Doneck · Hans Gerst · Hans-Jürgen Glamann
Stefan Kreibohm · Hans-Dieter Krienke · Helmuth von Maltzahn · Reinhard Mann · Klaus Schlüter
Wieland Schmiedel · Claus B. Schröder · Gernot Seelig · Steffen Siefert · Uwe Sinnecker
Karin Toben · Rosemarie Wilcken · Brunhilde Wöhlbier

ALLE MÄRCHEN SPIELTEN HIER

Erlebtes, erzähltes, ertapptes Mecklenburg-Vorpommern

Katrin Sobotha-Heidelk

KATRIN SOBOTHA-HEIDELK

JÖRN LEHMANN

Schwerin, d. 18.4.2012

schelfbuch

Bedenke das Ende

Rettung für Schloss Bothmer

D»as sind unsere Fundstücke dort. Die werden alle aufgehoben.« Behutsam legt der sächsische Stuck-Spezialist den wurmstichigen Rest eines Holzlöffels auf einen Kaminsims. Dort war noch eine Lücke zwischen den geschmiedeten Nägeln und einem bräunlich-staubigen Etwas mit angelegten Flügeln und leicht geöffnetem Schnabel.

Steffen Siefert steigt vorsichtig über die abgedeckten Stuck-Fragmente und mustert den Vogel. »Keine Taube«. Warum sieht man immer zuerst die Taube in solchen Skeletten? Es könnte eine gewesen sein, denkt er, aber vielleicht war es auch ein Blässhuhn? Das wird noch untersucht.

Während er sich dem Stuck zuwendet und mit dem Restaurator überlegt, wie man die brüchigen Streifen von der Decke löst, ohne erneute Schäden zu riskieren, spürt er eine wohlige Freude in der Magengegend. Der Vogel. Wieder ein Stück für das Bothmer-Museum! Gelegentlich kommt es vor, dass ein Handwerker kurz zurückweicht vor etwas Undefinierbarem in einer hinteren Ecke. Denn erst nach vorsichtiger Reinigung entpuppt es sich wirklich als Haushaltsgegenstand oder Tierkadaver. Dieses zarte Skelett ist vielleicht nichts Spektakuläres, aber etwas zum Anschauen. Ja, sogar fast etwas Lebendiges! Siefert liebt das Witzig-Absurde im Alltag. Amüsiert reibt er sich die Hände. Doch dann

konzentriert er sich wieder und streicht mit einer Fingerkuppe über ein Bruchstück. Ein Blick zum anderen Restaurator, den er hier häufig an seiner Seite hat. Der wirft seinen dicken Rasta-Zopf von der Schulter und nickt. Natürlich muss der Erhaltungsaufwand im Rahmen bleiben. Trotzdem ist es schade um jeden Splitter Verlust. Siefert wägt die kleinsten Dinge ab und trifft immer wieder

Aber das Bild der gekrümmten Alten, die über den Hof zu den Plumpsklos schlichen, weil der Weg dorthin für sie noch der Kürzeste war, will ihm nicht mehr aus dem Kopf gehen.

Detailentscheidungen – gemeinsam mit den Restauratoren und den Architekten. Er ist der Projektleiter für die Restaurierung des Schlosses Bothmer, Anfang vierzig, Bauingenieur beim Betrieb für Bau und Liegenschaften Schwerin. Das blonde Kurzhaar exakt gescheitelt, im seriösen Anzug, über den er sich schnell noch eine signalgelbe Baustellenjacke geworfen hat, lässt Siefert zuweilen nur am Blitzen seiner Augen erkennen, mit welch leidenschaftlicher Energie er auch innerlich beteiligt ist.

Allzu lange stand das Schloss leer. Fast ein Jahrzehnt ging verloren, weil sich ein Möchtegern-Investor aus Schleswig-Holstein offensichtlich übernommen hatte. Für eine Mark war das Schloss 1998 an ihn verkauft worden, und es kostete viel juristisches Geschick, den gefährdeten Gebäudekomplex für das Land zurück zu gewinnen.

Steffen Siefert ist glücklich, den Schloss-Giganten auf den Tisch bekommen zu haben. Nicht nur wegen der fachlichen Herausforderung, sondern auch wegen seiner persönlichen Beziehung zum Ort. Als Sechsjähriger tobte er hier manchmal über den schmalen Ost-Hof, setzte sich auf die Steintreppen und kam mit den Schloss-Bewohnern ins Gespräch. Hier, im Feierabendheim »Clara Zetkin«, hatten auch seine Großeltern ein kleines Zimmer zum Park hinaus. Obwohl es keine Rollstuhlrampen gab und die weiten Wege immer beschwerlicher wurden, hätten die beiden gern hier gelebt, erinnert sich der Enkel. Aber das Bild der gekrümmten Alten, die über den Hof zu den Plumpsklos schlichen, weil der Weg dorthin für sie noch der Kürzeste war, will ihm nicht mehr aus dem Kopf gehen.

In den 1980er Jahren, als die Großeltern längst verstorben waren, kam Siefert vor seinem Studium als Praktikant wieder hierher. Die Heimleitung hatte den Bau eines Waschhauses beschlossen. Dass er sich heute noch an Ausführungsdetails erinnern kann, kommt der Sanierung jetzt sehr zugute. Im östlichen Stall wurde damals Asbest verwendet. Was denn sonst? Wenn er das im Projekt erzählt, zuckt niemand mehr zusammen. Das war eben so. Und: Gut, es von Beginn an zu wissen! Denn mit den Baustoffen nehmen sie es nun ganz genau. Wenn zum Beispiel das Schloss mit den historischen Dachsteinen in alter Weise neu eingedeckt wird, dann ohne Zement. 1732 gab es den nicht, nur Kalkmörtel. Der Dachdecker muss ein wenig umdenken bei den Handgriffen,

die er eigentlich im Schlaf beherrscht. Dabei hat er schon genug damit zu tun, die alten und die neuen, in einer Spezialmanufaktur hergestellten Dachpfannen so zu mischen, dass es von unten aussieht wie schwarzes Glitzern in der Sonne.

Steffen Siefert, die Manufakturchefin, die Architekten und der Restaurator mit dem Zopf laufen ein Stück am Schlossgraben entlang und bleiben alle paar Meter in der taufeuchten Wiese stehen, das frisch gedeckte Dach im Blick. Die vierte Reihe der glasierten Ziegel mag rechts matter erscheinen als links. Dann, als eine Wolke das Licht nimmt, sieht es wieder anders aus. So muss es sein. Wunderbar.

Siefert setzt auch auf Zeitzeugenwissen, authentische Belege und historische Korrespondenzen und hinterfragt dann doch immer alles. Denn eine gründliche Anamnese sei bei der Restaurierung historischer Bauten zunächst das Wichtigste. Warum die Schloss-Fassade parkseitig einen tiefen Riss aufweist und manche Türrahmen grotesk schief im Gemäuer stecken, musste herausgefunden werden, ehe im Keller die tragenden Säulen dauerhaft verstärkt wurden. Aber jede beantwortete Frage wirft fünf neue auf. Und immer wieder wird die selbe Entscheidung gefordert: Soll der gegenwärtige Zustand genau so gesichert oder der bauzeitliche wiederhergestellt werden? 18,5 Millionen Euro stehen für die Restaurierung des Haupthauses und die Sanierung aller Dächer und Fassaden des Schlosses bereit. Für die kulturelle Nutzung gibt es Ideen. Eine Ausstellung über das Schloss und über den Baumeister Johann Friedrich Künneke wird es geben. Und neben dem mumifizierten

Vogel wird auch die alte Gutsglocke gezeigt werden, vielleicht sogar eines der historischen Schiebefenster und ein wenig vom Glasbruch, der am Schlossgraben gefunden wurde. Als nämlich die kleinteilig verglasten Fenster vor mehr als 150 Jahren ausgewechselt wurden, mögen

einrichtete, mögen die Gärtner im Freien längst Schnüre gespannt haben für die Anlage des Schlossparks. Inmitten der hügeligen Landschaft wurde auf dem aufgeschütteten Plateau um das Schloss und den Ehrenhof herum in rechten Winkeln ein System von Lindenalleen angelegt. Umgeben ist das Ensemble von einem breiten künstlichen Wassergraben. Im frühen 19. Jahrhundert wurde der Park teilweise umgestaltet. Ein neues Wegenetz mit verschlungenen Pfaden, So-

Und neben dem mumifizierten Vogel wird auch die alte Gutsglocke gezeigt, vielleicht sogar eines der historischen Schiebefenster und ein wenig vom Glasbruch, der am Schlossgraben gefunden wurde.

ein paar Männer, die Holz brauchten, das Glas im Park einfach herausgeschlagen haben und die Rahmen zum Verfeuern genommen haben. Eine Vermutung. Der Glasbruch am Graben blieb anderthalb Jahrhunderte liegen und überwucherte. Auch das ist Schlossgeschichte.

1732, als nach sechs Jahren Bauzeit das Schloss bezugsfertig wurde, war der Bauherr, Hans Caspar Graf von Bothmer, in London, No. 10 Downing Street, gerade verstorben. Der geschickte Diplomat war Erster Minister für die deutschen Angelegenheiten gewesen und hatte es verstanden, seine Gelder günstig in mecklenburgischen Ländereien und dem Bau dieses überdimensionalen barocken Schlosses anzulegen. Dass dort dann sein Neffe Hans Caspar Gottfried von Bothmer einzog und die eigene Tochter das Nachsehen hatte, hing mit der Majoratsfolge im Erbrecht zusammen. Während sich der neue Hausherr

litärbäumen und veränderten Sichtachsen zauberte aus der überschaubaren Symmetrie eine Parklandschaft mit überraschenden Akzenten. Eine kompakte, kaum kniehohe Sandsteinkugel, fast vollständig von Moos überwachsen, steckt unscheinbar in einem lockeren Efeu-Bett. Sie sieht wie der Kugelaufsatz eines auslaufenden Freitreppengeländers aus, der zufällig hier abgelegt wurde. Doch es handelt sich um ein kleines Kunstwerk, das nur entblättert und restauriert werden müsste: einen Globus, der einst bemalt und vergoldet gewesen sein soll.

Die Denkmalpfleger sind derartigen Kostbarkeiten auf der Spur und können sich doch nicht allem gleichzeitig widmen. Ein Natur-Wunder, das aber möglichst alljährliche Hingabe verlangt, ist trotz all der Wirren in der bewegten Schlossgeschichte, erhalten geblieben: die Festonallee.

Der durch Aufschüttungen geformte hügelige Verbindungsweg zum damaligen Versorgungs-

gut Hofzumfelde wird zur Bauzeit des Schlosses kahl gewesen sein. Sicher gab es keinen Vorrat an präparierten holländischen Linden, die sich flugs zu dieser einzigartigen Allee hätten aufreihen lassen. Die Bäume sind derart beschnitten, dass sie von weitem wie Kopfweiden aussehen, die sich dünnarmig an den Händen fassen. Diese 270 Meter lange, verbundene Baumkette soll an Gir-

Die Bäume sind derart beschnitten, dass sie von weitem wie Kopfweiden aussehen, die sich dünnarmig an den Händen fassen.

landen erinnern, wird daher Festonallee genannt und ist in Nordeuropa inzwischen einzigartig. Im frühen März sind die Zweige noch kahl und die Blattknospen fest verkapselt. Den greisen Stämmen, die hier und da mit Eisenringen zusammen gehalten werden, ist noch anzusehen, dass sie als junge Reiser in Form gebracht wurden. Sie durften nur in sauberer Parallele zum Weg beidseitig austreiben und wurden so beschnitten, dass jeweils nur ansatzweise eine Krone entstehen konnte, die rechtzeitig vor dem majestätischen Höhenwachstum immer wieder geköpft wurde. Erst mit einer Stammdicke von 10 bis 12 Zentimetern waren die Linden pflanzreif für die Allee vor dem Schloss. Bis zu diesem Stadium konnte es ein Menschenleben gedauert haben. Wenn die Linden nicht mindestens alle vier Jahre in Form geschnitten werden, sind die Girlanden unwiederbringlich ausgewachsen. Auf den letzten Metern vor Hofzumfelde muss dies schon vor Jahr-

zehnten passiert sein. Mehrere Bäume sind hier von gewöhnlicher Wuchshöhe und nur vereinzelte Verdickungen lassen auf frühe Formungsversuche schließen.

Von dieser Stelle aus sind in Richtung Schloss nur der Dreiecksgiebel und die oberen drei Fenster des Portals zu erkennen. So war es gewollt. Je dichter sich der Ankömmling auf der hügeligen Allee dem Schloss nähert, um so mehr gibt dieses rechts und links von sich preis. Wie ein kleiner Schatten schiebt sich kurz die Silhouette des alten Berthold Graf von Mahlenberg hinter das mittlere Saalfenster. Doch dies ist nur eine Fatamorgana oder genauer: eine erinnerte Filmszene. Im Schloss Bothmer fanden 2006 Dreharbeiten für den Film »Die Flucht« statt.

Manchmal, wenn Restauratoren und Fachkollegen durch das Schloss geführt werden, deutet Steffen Siefert auf eine matt lackierte Innentür. Ob die wohl noch bauzeitlich sei oder aus einer späteren Epoche? Der milchige Glasdekor lässt sich schwer einordnen, und die Experten halten sich vorsichtig zurück. Das ist klug. Denn an gewissen Stellen im Haupthaus sind Filmkulissen stehen geblieben. Einige Wände im Treppenhaus wurden dunkelbraun getüncht, weil diese Farbe das Scheinwerferlicht weniger reflektiert. Der große, gefliese Feuerherd, ein kleines Meisterwerk des Filmkulissenbaus, schafft sogar Heimeligkeit. Und die schmalen Schmierspuren an den Fensterkreuzen im großen Saal sind Reste der künstlichen Eisblumen, die den Frost vom Winter

1945 nachfühlbar machen sollten. In diesem Saal versuchte die Film-Gräfin Lena von Mahlenberg ihren Vater Berthold zum Verlassen der (im Filmstoff ostpreußischen) Güter zu bewegen, doch der wählte den Freitod.

Der Gedanke an die Parallele zur realen Schlossgeschichte drängt sich auf. Am 27. April 1945 floh der letzte Majoratsherr, Ludwig Graf von Bothmer, mit seiner Familie nach Schlutup und Lübeck. Auf Gespannen und in einem Automobil wurde das aus ihrer Sicht Nötigste mitgenommen. Im Juni soll die Gräfin noch einmal zurückkehrt sein, um aus dem Schloss Möbel abzutransportieren. Mag sein, dass sie dabei hier ihrem Neffen, Hans Kaspar, begegnet ist, der nach Kriegsende aus Lübeck kommend, das Schloss aufsuchte. Er war im Vorjahr als Leutnant in der Sowjetunion schwer verwundet worden. Nüchtern die Ereignisse beobachtend und einfach abwartend, blieb er hier. Als am 4./5. September im Schloss ein Fleckfieber- und Typhuslazarett eingerichtet wurde, besann sich der einstige Medizinstudent und half als Pfleger bei der Versorgung der Patienten mit, bis er sich selbst infizierte und im Februar 1946 verstarb. Auf einer hölzernen Ehrentafel, die alle Opfer aus den Reihen des Pflegepersonals auflistet, befindet sich auch sein Name.

Diese Ehrentafel wird sicher im künftigen Bothmer-Museum zu sehen sein, wie vielleicht auch die fleckigen Lazarett-Tragen und die wuchtigen Eichentüren, die kürzlich gefunden wurden. Sie sind dicht an dicht mit großköpfigen Eisennä-

In diesem Saal versuchte die Film-Gräfin Lena von Mahlenberg ihren Vater Berthold zum Verlassen der Güter zu bewegen, doch der wählte den Freitod.

geln beschlagen und lassen mittig ein viereckiges Guckloch erkennen. Kerkertüren.

Steffen Siefert, die Architekten und der Restaurator mit dem Zopf entscheiden behutsam. Haushalten haben sie gelernt. Den Blick auf das Ganze bewahren sie sich auch. Das ist wichtig. Denn das besondere Augenmerk liegt zur Zeit nur auf dem Haupthaus. An dessen Giebel hat übrigens der Bauherr, der Londoner Hans Caspar Graf von Bothmer, in großen Lettern einen Sinnspruch anbringen lassen:

Respice Finem - Bedenke das Ende. ■

Am Rand

Zwangsaussiedlungen in Vockfey

Die Geräusche des frühen Morgens sind die gleichen geblieben. Durch das gekippte Wohnwagen-Fenster dringen Grillenzirpen und wechselnder Vogelgesang. Marie-Luise Busse hält die Augen geschlossen und zieht die Kante ihres Daunenschlafsacks höher. Ob die Amsel lockend ruft oder ihr Revier abgrenzen will, hat sie als Kind schon immer wissen wollen und auf Antwort gewartet. Manchmal kam die aus einer anderen Baumkrone, zaghaft rückfragend, energisch abweisend oder so, dass die kleine Marie-Luise sich damals unter ihrem schweren Federbett eine Geschichte ausdenken konnte über das, was die Vögel sich zu sagen hatten. Irgendwann schabte

der eiserne Riegel, und das Mädchen hörte, wie Heerko Kok sanft mit dem Fuß gegen die Stalltür trat und zwei Eimer auf dem Hof absetzte. Hinter ihm rüffelten die Schweine und rieben sich an den Boxenbrettern. Heerko Kok nutzte seine immer gleichen beruhigenden Worte, mit denen er das Vieh auf den Morgen einstimmte und von denen er nicht einmal merkte, dass er sie aussprach. Und er wusste nicht, dass sein gemütliches Brummen Marie-Luise, oben im Kinderschlafzimmer, ebenso in jeden neuen Tag verhalf. Gudrun, die große Schwester, war früh schon in der Küche. Die vier Jahre, die sie älter war, spielten eine Rolle. Während Gudrun mit zehn oder zwölf auf dem Hof schon manche Arbeit der Erwachsenen

verrichtete, durfte Marie-Luise noch eine Weile die »Mausi«bleiben. Im letzten Kriegsjahr war sie fünf Jahre alt geworden. Der Vater kam nicht zurück, ein Jahr ums andere nicht. Als Heerko Kok auf den Hof zog, konnte Mausi längst schwimmen. Das war wichtig. Denn wie gern spielten die Kinder auf dem Deich, und wie oft stieg die Elbe

Wenn man bloß der Deich hält!, haben die Alten im Dorf früher immer gehofft und mit Sandsäcken die Wasserlöcher gestopft. Im August 2002 hat er versagt. Auch hier.

so sehr an, dass Wohnhaus und Stall von Wasser umgeben waren und eine kleine Strömung an der Hofpumpe Wellen schlug. Leicht war der Kindheitsalltag dann auch für Mausi nicht. Die Zuchtstuten, die Warmblüter und auch das Pensionsvieh, das auf dem Hof versorgt wurde, durften keinem Stress ausgesetzt werden. Aber das Mädchen konnte allem etwas abgewinnen, so geborgen fühlte es sich. War doch der Hof einer der schönsten am Elbdeich! Mausis Urgroßvater hatte den Schweinestall 1898 in Form eines achteckigen Pavillons bauen lassen mit aufgesetztem Türmchen. Auch die Giebel am Wohnhaus, gehalten von geschnitzten Balken, trugen an den Spitzen kunstvolle Verzierungen, die dem Anwesen etwas Erhabenes verliehen. Es gab sogar eine richtige Postkarte von ihrem Hof, die einzige von Pommau und Vockfey damals.

Marie-Luise Busse spürt wieder den Impuls, der die kleine Bauerntochter damals jeden Morgen aus den Federn trieb. Wenn der Hof erwachte, war sie dabei gewesen.

Die Welt in einem Wohnwagen ist auf wenige Armlängen reduziert. Behutsam, um ihren Mann nicht zu wecken, öffnet Marie-Luise Busse die Tür. Immer geht ihr erster Blick zum Deich, auf den sich Fetzen von Morgennebel gelegt haben. Wenn man bloß der Deich hält!, haben die Alten im Dorf früher immer gehofft und mit Sandsäcken die Wasserlöcher gestopft. Im August 2002 hat er versagt. Auch hier. Wie mit dem Lineal gezogen wirkt die Deichkrone nun, nach der Sanierung. Doch dahinter tobt in jedem Frühjahr die Elbe, spült die Wiesen links und rechts, im Westen wie im Osten.

Hier ist der Osten. Vockfey. Ortsteil Pommau. Das Nichts mit Obstbäumen, Schneeglöckchen, einem Umspannhäuschen und Wiesen voller kleiner Kuhlen und Buckel. Natürlich ist da Gras drüber gewachsen, irgendwann. Und sollte, wie vergessen, noch eine Wasserpumpe im Boden stecken oder ein Klumpen alter Mauersteine zwischen den Grasnarben herausragen, dann vermoost und uralt anmutend. Hier und da, vereinzelt, sind Häuser geblieben. Sie sind zu Fixpunkten geworden, geben denen, die Vockfey von früher kannten, Orientierung. Das Umspannhäuschen zum Beispiel gehörte zum Kolepanter Hof, dem größten des Dorfes, dem modernsten. Schon in den 1920er Jahren drehte sich hier ein Windrad zur Stromerzeugung. Hier hatte Heerko Kok gearbeitet und gewohnt, bevor er zu Mausis Mutter, Magdalena Riecken, gezogen war.

Vom Hof der Rieckens sind nur die Apfelbäume im Obstgarten und ein Betonpfahl der Toreinfahrt geblieben. Busses wollten ihn ausgraben und als allerletztes Stück vom Hof in ihrem jetzigen Wohnort bewahren. Doch der Boden gab ihn nicht her, und so entschloss sich Marie-Luise Busse, eine kleine Tafel mit den eingravierten Namen aller Hofbesitzer seit 1707 am Pfahl anzubringen. Manchmal nämlich dringen Wortfetzen der Deich-Radfahrer zu ihr herüber, ein enttäuschtes »hier liegt ja der Hund begraben« zum Beispiel. Marie-Luise Busse hätte hinterher laufen wollen. Nicht nur der Hund! Ein ganzes Dorf! Und unser achteckiger Schweinestall und... Doch was ruft man kleiner werdenden Rücklichtern hinterher? Also kam auf die Tafel auch eine Notiz von der Zwangsaussiedlung, der Enteignung, dem Abriss der Gebäude bis zur Rückübertragung des Grundstücks an die Erben. Der Vermerk »Aktion Ungeziefer« fehlt. Das wäre Stasi-Sprache, und die reißt bei Marie-Luise Busse immer noch alte Wunden auf.

Sonnabende hatten für Kinder aus Vockfey und Pommau immer etwas Heiliges. Beim Passieren der Schulpforte entlud sich die angestaute Vorfreude in fröhlichem Gejohle. Die Kleinen drängelten an den Halbwüchsigen vorbei, während sich die jüngst Konfirmierten ein wenig abgrenzten. Bald würden sie die Einklassenschule verlassen. Mausi, Marie-Luise Riecken, war zwölf. Nicht mehr klein also und doch noch zwei Jahre an dieses Schulzimmer gebunden. Beneidete sie Gudrun, die 16jährige Schwester, weil keiner mehr Backfisch zu ihr sagte und alle sie als Stüt-

ze von Mutter und Heerko Kok anerkannten? Auf der Elbstraße kam ihr die Tochter des Bürgermeisters entgegen. Da erst fiel Marie-Luise auf, dass das Mädchen nicht am Unterricht teilgenommen hatte. Atemlos flüsterte es etwas von »Auswei-

Da hörte sie die Mutter. Ja, das kam durch das Wohnzimmerfenster. So hatte sie sie erlebt, als das Brüderchen gestorben war. Nein, schrie es in dem Mädchen. Nicht wir!

sung«, »Räumung« und einer »Liste«. Wir auch?, fragte Marie-Luise, doch das Mädchen zuckte mit den Schultern, drehte sich weg und rannte weiter. Nein, wir nicht, dachte Mausi. Wir haben doch nichts getan! Aber vielleicht hatte ihr Mutter nicht alles gesagt? Plötzlich rannte sie auch. Die Angst kniff im Hals. Und so bekam sie mit jedem Schritt weniger Luft. Wie elend lang sich die Dorfstraße hinzog. Durch ganz Vockfey musste sie rennen, an den großen Höfen vorbei, an endlosen Ketten von Zaunlatten, kläffenden Hunden und manch leerer Bank im Vorgarten. Warum war da niemand, den sie fragen konnte? Haben wir das Abgabensoll etwa nicht erfüllt? Sie stolperte am Kolepanter Hof und am Brack vorbei, einer tiefen Senke, in der immer Wasser stand. Auch bei der Tante sah sie niemanden an der Tür oder am Zaun. Nun konnte sie die Giebelspitze des Riecken-Hofes sehen. Alles war gut. Marie-Luise verlangsamte den Schritt. Noch nie war sie den ganzen Weg von der Schule bis nach

Hause gerannt. Gleich wird Heerko Kok mit der Mistkarre um die Ecke biegen und »aber Mausi« sagen, »wir haben doch das Soll erfüllt. Gerade so, mein Kind.« Marie-Luise rückte den Ranzen auf dem Rücken zurecht und atmete gegen die Seitenstiche an. Jetzt würde sie den anderen von der Bürgermeistertochter erzählen. Was die da im Dorf verbreitete!

Da hörte sie die Mutter. Ja, das kam durch das Wohnzimmerfenster. So hatte sie sie erlebt, als das Brüderchen gestorben war. Nein, schrie es in dem Mädchen. Nicht wir! Der Ranzen rutschte ihr von den Schultern, sie wusste später nicht, ob im Vorgarten oder schon in der Diele. Gudrun, bleich, kauerte wie erstarrt im Korbstuhl und murmelte immer wieder, die hätten sie gezwungen. Das junge Mädchen war zufällig allein im Haus gewesen, als die Männer kamen. Die Kenntnisnahme eines Zwangsräumungsbefehls hatte sie bestätigen sollen, sie, Gudrun Riecken, noch nicht einmal volljährig. Die ganze Kraft, die ihr als Tochter dieses Hofes schon in die Wiege gelegt war, hat sie in ihr NEIN gesteckt. Niemand werde den Rieckenschen Hof verlassen! Darauf würde sie wohl keinen Einfluss haben, hätten die Männer ihr gesagt. Geräumt werde sowieso, notfalls mit Gewalt und wenn sie nicht unterschriebe, würde sie alles erschweren. Da war sämtliche innere Gegenwehr aus dem Mädchen gewichen; vielleicht würde man mit denen eher reden können, wenn sie es schnell hinter sich brachte. Gudrun Riecken. 7. Juni 1952. Es würde sich sowieso als Irrtum herausstellen.

Ein Irrtum, das fand Magdalena Riecken, die Mutter, auch. Doch wie sollte man mit denen reden? Amerikanische, britische und russische Besatzer hatten sich 1945 auf ihrem Hof eingerichtet; sie kannte das schrille Entsetzen, das einem aus der Brust heraus den Hals zuschnürt. Doch niemals hatte sie gehen müssen. Das hier war das Schlimmste. Sollte sie die verbliebenen 48 Stunden zum Kämpfen oder zum Packen nutzen? Oder zum Trösten der älteren Tochter, die nicht glauben wollte, dass eine Verweigerung nichts verhindert hätte?

Am 26. Mai 1952 hatte der DDR-Ministerrat die »Maßnahmen an der Demarkationslinie zwischen der Deutschen Demokratischen Republik und den westlichen Besatzungszonen Deutschlands« beschlossen, eine gezielte Entvölkerung der elbnahen Dörfer. Ein dreifach gestaffeltes Sperrgebiet war geplant mit einem zehn Meter breiten Kontrollstreifen, einem sogenannten Schutzstreifen von 500 Metern Breite und einer 5-Kilometer-Sperrzone. Doch dies sollten die dort Wohnenden zunächst nicht erfahren. Eine Zwangsaussiedlung geht nämlich reibungsloser vonstatten, wenn die Betroffenen in dem Glauben gehalten werden, sie hätten sich in irgendeiner Weise strafbar gemacht!

Die Höfe der Rieckens, der Stamerschen Schwestern und der Familien Zerbin, Siemke, Pohlmann, Fischer, Voß, Harms, Möller, Hesse, Wacker, Elvers, Drenkhahn, Poppe und Hauel sowie der Kolepanter Hof lagen im Weg. Andere aber auch. Warum war bei der Tante niemand mit einem Befehl vorgefahren? Kamen die später? Die Angst machte auch vor denen nicht Halt, die bleiben durften. Weggucken. Nur nicht auffallen. Vielleicht lassen die uns dann in Ruhe. Manche gingen demütig ihrem Tagwerk nach und versuchten zu ignorieren, was sie doch mit Erschütterung wahrnehmen mussten.

Die Tante behielt auf dem Rieckenschen Hof die Übersicht, besorgte Kisten und Koffer und stellte zusammen, was sich irgendwie verpacken ließ. Mechanisch zog Magdalena Riecken Schubladen aus den Schränken und Kommoden und hielt immer wieder inne. Vierzig war sie jetzt.

Mechanisch zog Magdalena Riecken Schubladen aus den Schränken und Kommoden und hielt immer wieder inne. Vierzig war sie jetzt. Eine Bäuerin. Verbunden mit Pommau. In zwei Tagen sollte hier ein beladener Lastwagen vom Hof fahren. Warum nur? Und wohin?

Eine Bäuerin. Verbunden mit Pommau. In zwei Tagen sollte hier ein beladener Lastwagen vom Hof fahren. Warum nur? Und wohin? Und was würde aus dem Vieh werden? Aus den Stuten? Den Schweinen? Die werden später abgeholt, sagte einer der Männer in Uniform. Magdalena Riecken wandte sich ab und packte.

Am 9. Juni 1952 wurden 43 Menschen aus Vockfey und Pommau nach Brahlstorf gebracht, wo ihr Hausrat in Güterwaggons verladen wurde. Die Züge sollten nach Osten rollen, doch wohin genau, wusste niemand. Verstört nahm Marie-Luise das Geschehen wahr, bestieg mechanisch

Verstört nahm Marie-Luise das Geschehen wahr, bestieg mechanisch den Waggon und hatte Angst um ihre verzweifelte Mutter. Bei einem Zwischenstopp entdeckte sie an der Außenwand des Wagens den Vermerk »Aktion Ungeziefer«.

den Waggon und hatte Angst um ihre verzweifelte Mutter. Bei einem Zwischenstopp entdeckte sie an der Außenwand des Wagens den Vermerk »Aktion Ungeziefer«. Als sie begriffen hatte, dass der Zettel nicht von einem früheren Transport stammte, sondern ihre Familie und ihre Nachbarn gemeint waren, war ihr Faden zur Kindheit durchtrennt.

Insgesamt wurden in jenen Tagen mehr als 8000 Menschen an der innerdeutschen Grenze zwangsumgesiedelt, klammheimlich oft, um kein Aufsehen zu erregen. Nach mehreren Reisetagen in quälender Ungewissheit wurden den Familien in verschiedenen Orten ausgeräumte Dachkammern, manchmal ein Zimmer zur Untermiete, selten eine kleine Wohnung, zugewiesen. Ratlos versuchten die Menschen, ihre Möbel irgendwo unterzustellen, wenn nur das Notwendigste in die erste Bleibe passte. Die meisten Nachbarn sa-

hen eher weg, als dass sie eine Ecke in der Scheune freigeräumt hätten. Warum gingen sie nicht behutsamer mit den Elbbauern um? Warum wechselten manche Frauen sogar die Straßenseite, wenn eine Zugewanderte ihre Nähe und erstes Vertrauen suchte? Sie hatten ihre Gründe, denn irgendetwas wäre doch immer dran an den Gerüchten, die man sich erzählte! Die Neuen hätten etwas auf dem Kerbholz, sie wären kriminell, die Frauen garantiert Huren und die Kinder zwangsläufig missraten. Da sollte eine ganze Stadt lieber auf der Hut vor denen sein, als dass man sich mit ihnen einließe! Glauben konnte man denen sowieso kein Wort! So wurde getuschelt, und niemand hatte wohl bemerkt, dass dieser Ruf den Umgesiedelten vorausgeeilt war, weil dies politisch so gewollt war. Die Familien hätten ja eine Welle der Empörung auslösen können, wenn Ortsansässigen freigestellt worden wäre, ihnen ihr Schicksal zu glauben. Nein, da war die Staatssicherheit schneller und skrupellos genug, um dauerhaftes Misstrauen zu säen. Auf ähnliche Weise bewältigten die Handlanger der DDR-Staatsmacht auch die zweite und dritte Zwangsaussiedlungswelle, 1961 und 1975.

Viele der damals Erwachsenen hatten keine Chance, ihr Trauma jemals zu verarbeiten, mussten über Erlittenes schweigen, wurden daran krank, starben vor der Wende.

Während Gudrun und ihre Mutter, Magdalena Riecken, zunächst in Faulenrost ein kleines Zim-

mer bezogen und einem Bauern die schwerste Arbeit abnahmen, damit sie mietfrei wohnen konnten, fand Marie-Luise, die Zwölfjährige, Unterschlupf bei ihren Verwandten in Dodow. Ein Dreivierteljahr war sie von Mutter und Schwester getrennt. Ob Magdalena Riecken ihrem Heimatpastor in Stapel, der bleiben durfte, davon geschrieben hat? Ihr toter Sohn lag doch dort auf dem Kirchhof. Der war für sie nun auch unerreichbar.

Viele Familien schrieben dem Pastor, Axel Beste, suchten seinen Trost und fieberten nach Neuigkeiten aus der Heimat. »Wir haben uns sehr über Ihren Brief gefreut«, schreibt Alma Harms Ende 1952, »auch, dass Sie es gut mit uns meinen und uns trösten wollen. Aber man kommt doch nicht drüber weg, denn man hat es mit allen nur gut gemeint. [...] Auch haben wir uns gefreut, dass Sie uns alle Namen geschrieben haben derer, die auch weg mussten. Man tröstet sich mit denen. Die Zukunft liegt dunkel und trübe vor uns, man denkt manchmal, es lohnt sich kaum noch zu leben...«

Im Sommer 2007 fand Pastor Christian Schnabel ein dickes Bündel Briefe im Pfarrhaus Stapel. Axel Beste, einer seiner Vorgänger, hatte die Post der Zwangsausgesiedelten beantwortet und aufbewahrt. Zwischen den Zeilen, hinter vorsichtigen Formulierungen und sparsamen Andeutungen, versteckte sich das schwere Trauma eines ganzen Dorfes. Wie viele der Absender leben wohl noch, fragte sich die Journalistin Karin Toben, als sie von dem Bündel erfuhr. Jetzt durften sie erzählen, jetzt sollten sie! Festhalten wollte sie die Berichte, Fotos und auch Auszüge aus den Briefen in einem Buch. Oft waren es Söhne oder Töchter der damals Erwachsenen, die nun über ihre Erinnerungen sprachen und sie dabei noch einmal aushalten mussten. Magdalena Riecken, die für Eingeweihte die »Lady Pommau« geblieben war, hatte für ihre Nachkommen längst ein eigenes kleines Buch geschrieben; das half ihr ein wenig. Die Rückübertragung des Grundstücks, 1995, war eine Genugtuung für sie. Doch selbst ihre Töchter, Gudrun und Marie-Luise, wollten einen Umzug, zurück an die Elbe, nicht mehr ernsthaft erwägen.

Vockfey? Das gab es nämlich nicht einmal mehr auf der Landkarte. Nach der dritten Zwangsaussiedlungsaktion waren die meisten Gehöfte verfallen. Zur Elbseite hin mag an einigen Häusern der Anschein gewahrt worden sein, dass hier Menschen lebten. Doch wie überall in derartigen Geisterdörfern sollen die Grenzer ihre Not gehabt haben, die Ruinen zu überblicken. Jede konnte zum Fluchtversteck werden.

Mitte der 1980er Jahre waren die Abrissbagger bis zum westlichen Elbdeich zu hören. Die Nachbarn hier konnten zugucken. Hauswände zerbrachen und kippten in eine Staubwolke hinein. Der achteckige Schweinestall fiel in sich zusammen und wurde zu den anderen Trümmern des Rieckenschen Hofes geschoben. Am Ende gab es auf jedem Grundstück mehrere Trümmerhaufen mit Fensterrahmen, Mauerstücken, Türriegeln, Schornsteinköpfen und all den Kleinigkeiten, die in den Häusern verblieben waren. Weg damit in das Kolepanter Brack! Die alte Senke konnte das ganze Dorf aufnehmen. Die Motoren der Räumfahrzeuge heulten, und immer wenn größere

Trümmerteile aufeinander polterten, schien der Boden zu beben. Weg damit, Kies drüber, Gras drüber, Schwamm drüber! Freie Sicht für die Grenzbrigaden, nur ein paar Häuser blieben stehen.

Nach der Wende kamen die Vockfeyer und Pommauer wieder, trafen sich zu Sommerfesten und versuchten an das alte Gespräch über den Gartenzaun wieder anzuknüpfen. Grotesk, dass es nicht einmal den mehr gab! 1993 wurde das Dorf, zum Amt Neuhaus gehörend, administrativ dem Land Niedersachsen zugeteilt. Marie-Luise Busse und ihr Mann vermaßen mit Blicken das leere Grundstück, das einst der Rieckensche Hof gewesen war. An den Apfelbäumen, der Linde und der Kastanie konnten sie sich orientieren. Wo das Haus gestanden hatte, stellten sie nun ihren Wohnwagen ab. Für zwei Wochen im Jahr wollte Marie-Luise das so. Dies war ihr Stückchen Elbe, ihr Deich, ihr Ausblick.

feln, Bauschutt, der sich geschreddert für Straßenbeläge eignen mochte. Da stellte sich Karin Toben in den Weg. Sie besah sich die Trümmer genauer. Was da nicht alles vom alten Vockfey vergraben war: Türschlösser, Werkzeug, Porzellanbruch, Fensterrahmen, Dachziegel, Ofenkacheln, Steine, Splitter, Dorf-Splitter eben, ja, und sogar Hufeisen. Sie fand Mitstreiter und sammelte all das Erkennbare heraus, Andenken an Vockfey. Eine kleine Gedenkstätte sollte entstehen und eine Denkpyramide, aufgeschichtet aus Steinen, Simsen und Mauerresten. Die fällt auf. Im Sommer 2006 waren die Puzzleteile aufgetürmt. Die groben Stücke halten einander und ergeben in ihrer Anordnung ein aufrüttelndes Bild. Wenige

> Was da nicht alles vom alten Vockfey vergraben war: Türschlösser, Werkzeug, Porzellanbruch, Fensterrahmen, Dachziegel, Ofenkacheln, Steine, Splitter, Dorf-Splitter eben.

Im August 2002 stieg die Elbe dramatischer als in anderen Jahren. Sie schwappte über den Vockfeyer Deich und schob immer mehr Wasser auf die buckeligen Wiesen. Ein Jahrhunderthochwasser, das anderswo Menschen mitriss. Da kamen die Elbdörfer im Norden noch eher glimpflich davon. Doch der Deich musste nun saniert werden, einige Kurven wurden dem Flusslauf neu angepasst. Kiesberge türmten sich, Erdreich wurde bewegt und das alte Kolepanter Brack dabei geöffnet. Hier knirschten Trümmer unter den Baggerschau-

Schritte entfernt ließ Karin Toben mit dem Verein für Bürgerbegegnung aus den alten Dorfsplittern ein offenes Häuschen bauen, an dessen Wänden Schautafeln über das Schicksal von Vockfey erzählen. Ein Regal an der Seite präsentiert wie ein Setzkasten die kleinen rostigen Fundstücke.

In diesem Winter hat Karin Toben Schneeglöckchen auf einer Buckel-Wiese gefunden. Gartenreste. Sie hat sie ausgegraben und an der Gedenkstätte wieder eingesetzt. Auch die gehören dazu. ◾

Alle Märchen spielten hier

Frankenhorst, eine Halbinsel im Ziegelaußensee

Wenn die »Adorante«, die nackte Schöne, auf das Dichter-Grab gehoben wurde, begann auf dem Frankenhorst der Frühling. Behutsam wurde die schwere Tonfigur in die Position gerückt, die sie seit Gretels Tod Jahr für Jahr einnahm. Anfang der 1970er Jahre, als Drei- oder Vierjährige, fuhren wir Kinder mit den Händen erstmals über das aufgesetzte Knie und zeichneten die feinen Risse in der Glasur mit den Fingerspitzen nach. Obwohl wir schon im folgenden Jahr ihre Hüften berühren konnten, haben wir mit der »Adorante« nie Blickkontakt aufnehmen können. Mit weit in die Höhe gestreckten Armen und zum Gebet geformten

Händen schaute sie in hohem Bogen über uns hinweg. Hier lag der Dichter Hans Franck, uns immer gegenwärtig, da wir in seinem alten Haus lebten. Sein Nachlass wurde in der unteren Etage archiviert, oben wohnten wir und seine letzte Haushälterin. Hier und da waren Dinge, die zum Haus gehörten, in unseren Alltag übergegangen: die alte Torf-Schubkarre, der Schlachtetisch in der Waschküche mit den unzähligen Messerstichen und die gesamte in der Scheune eingemottete Landtechnik. Zwischen Dreschkasten und Kutsche spielten wir heimlich Verstecken und suchten die Katzenjungen im immer noch hoch aufgeschichteten Heu. Unser Revier ging noch weiter: Jenseits des alten Parks, hinter dem

Staudengarten, begann der Tannenweg, den der Dichter mit seinem Sohn in den 1930er Jahren angelegt hatte. Er säumte eine riesige Obstplantage und erinnerte an Pfade, die Hänsel und Gretel oder Brüderchen und Schwesterchen gegangen waren. Alle Märchen spielten für uns Kinder

Wenn Hans Franck aus seinem Wintergarten trat und ungestört ein paar Schritte gehen wollte, verschwand er hier, auf dem gekrümmten Weg.

gen waren. Alle Märchen spielten für uns Kinder hier, wo wir Rehe beobachten konnten und die frischen Suhlen der Wildschweine übersprangen. Je länger der Tannenweg sich hinzog, parallel zur Pappelreihe am Seeufer, umso mystischer wurde die Umgebung.

Auf einer Anhöhe, wo wir in sandige Fuchsbaulöcher hinein riefen, lagen vereinzelte Trümmer-Brocken herum. Es waren nur wenige Stücke, und trotzdem hieß der ganze Hügel Ruine. Später erst habe ich begriffen, dass eine Ruine viel mehr sein kann, ein Haus sogar, wenn auch unbewohnbar. Unserer Ruine sah man nicht an, ob sie Wohnhaus, Stall oder gar Fabrik gewesen war. Manchmal war die Rede von einer Ziegelei, aber konnte das wahr sein? Hier, wo nie jemand hinkam, sollen Brennöfen gestanden haben? Es gab keinen Anhaltspunkt, und die Spuren waren schon zu sehr verwischt.

Näher waren wir dem Dichter, der 1964 auf dem Frankenhorst gestorben war, neun Jahre nach seiner Frau, die er Gretel genannt hatte, weil es zu Hans so gut passte. Er war 1921 auf diese Halbinsel gezogen, hatte das Anwesen 1924 gekauft und schrieb hier das Hauptwerk einer unübersehbaren Menge von Büchern, Theaterstücken, Rezensionen und Gedichten. Nahezu gleichrangig betrieb er eine Landwirtschaft.

Er verkehrte mit Musikern, Verlegern, Schauspielern und Schriftstellern, die in Scharen auf der Wiese Platz nahmen, wenn Hans Franck zu seinem Geburtstag eingeladen hatte. Zum 60., am 30. Juli 1939, reisten auch der Geiger Hermann Diener und die Bratschistin Charlotte Hampe an. Es war ein heißer Nachmittag, und die Musiker hatten ihre Pulte im Schatten der hohen Bäume am Poetensteg aufgebaut. Poetensteg, so wurde der krumme Weg durch die Anpflanzung von schnell wachsenden Erlen und Buschwerk sinnigerweise genannt. Wenn Hans Franck aus seinem Wintergarten trat und ungestört ein paar Schritte gehen wollte, verschwand er hier, auf dem gekrümmten Weg, und kam erst an der Weide, unten am See, wieder in den Sichtbereich der Familienmitglieder und Angestellten. Dann ist er forschen Schrittes zurück an den Schreibtisch geeilt.

Er, der Patriarch, wurde im hohen Alter einsam. Tochter Ingrid und Sohn Bernd waren noch vor dem Mauerbau nach Westberlin und Hamburg gezogen. 1955 starb Gretel und wurde am Weg zum See beigesetzt. Bernd, der Architekt, hatte den Eltern ein Grabmal für den Frankenhorst entworfen, und Hans Franck gab der »Adorante«, die vermutlich von dem Bildhauer Erich Sperling stammt, auf der schlichten Granit-Platte ihren Platz. Weil hier »franke Menschen horsten sollen«, hatte er seine Halbinsel Frankenhorst genannt. Und wer hier gelebt hat, soll hier auch begraben sein, mag er gedacht haben. Ein würdiges Grabmal sichert Präsenz auch nach dem Tod. Sein Werk würde ihn ohnehin unsterblich machen, davon ging er aus. Doch die Bücher gerieten Jahre später allmählich in Vergessenheit, und heute findet einzig seine Bach-Novelle »Die Pilgerfahrt nach Lübeck« noch ihre Leser. Als Hans Franck 1964 starb, verwaiste die Dichterstätte. Nur seine Haushälterin, Margarethe Klüssendorff, und die Familie des Gärtners, Werner Gehrt, verblieben auf dem Frankenhorst.

Die umfangreiche Kunstsammlung, die Bibliothek mit ca. 17.000 Bänden, die Manuskripte und etwa 20.000 Briefe von und an Hans Franck gingen treuhänderisch in die Verwaltung der Stadt Schwerin und des Stadtarchivs über. Ein so genannter Frankenhorst-Vertrag legte 1966 fest, dass der Nachlass innerhalb der kommenden zehn Jahre aufgearbeitet, die Ländereien weiterhin bewirtschaftet, eine neue Obstplantage angelegt und der Park unterhalten werden sollte. Als das angesetzte Jahrzehnt sich neigte, ahnten wir Schwestern nicht, dass unsere Kindheit auf dem Frankenhorst plötzlich zu Ende sein würde. Kurz vor Ablauf der Frist dachten die Stadtväter noch über die Einrichtung einer kulturpolitischen oder künstlerischen Begegnungsstätte mit

einem Hans-Franck-Zimmer nach. Jedoch fiel es ihnen schwer, den national-konservativen Dichter in das damals gängige Muster des sozialistischen Realismus zu pressen. Nein, seine Bücher, Ansichten und Briefe passten nicht ins Konzept.

Hier, in Frankenhorst, sollte ein kleines Ferienheim-Paradies entstehen, ein Partei-Refugium für die höchsten Genossen, an das sich auch Erich Honecker nur schwärmend erinnern würde.

Außerdem waren Landwirtschaft und Obstbau vom VEB Grünanlagen nur mit Verlusten zu bewältigen, nachdem der Gärtner 1968 verstorben war. So kam es 1976 zur Kündigung des Vertrages. Zwar verblieben der Brief- und Manuskriptnachlass, auch die Bibliothek, in Schwerin, jedoch wurde der Frankenhorst von der Stadt Schwerin endgültig aufgegeben. Längst hatte die Bezirksleitung der SED ein Auge auf die abgelegene Idylle geworfen. Hier, in Frankenhorst, sollte ein kleines Ferienheim-Paradies entstehen, ein Partei-Refugium für die höchsten Genossen, an das sich auch Erich Honecker nur schwärmend erinnern würde.

1976 saßen wir achtjährigen Schwestern auf den Fensterbänken und warteten. Fraß sich die Motorsäge nicht schon eine halbe Stunde in den Stamm der alten Kastanie? Irgendwann musste die Riesin doch nachgeben! Bäume fällen konnte viel schneller gehen. Gerade hatten wir

es am Poetensteg gesehen, der war zack-zack wegrasiert. Und schon war der Blick zum Nachbarn frei und zur Berufsschule, die früher ein Ausflugslokal, die »Seelust«, gewesen war. In den Ohren verblieb das Schreien der Motorsäge, das nach jedem Schnitt in ein Röcheln überging und kurz darauf wieder anschwoll. Jetzt! Wenn knorrige Kastanien, Buchen und Erlen fallen, mitten im Park, dann in Zeitlupe, mit knackendem Geäst und rauschendem Blätterwerk, erhaben, als könnten sie die Halbinsel mitreißen. Federnd schlug die Stämmige am Boden auf und gab den Blick frei bis zum Tannenweg, der bleiben sollte. Es waren die Tage, an denen auch die Urnen von Hans und Gretel Franck abgeholt und auf dem Alten Friedhof in die Erde gelassen wurden. Die »Adorante« wechselte mit dem Mobiliar, den Kunstmappen und dem Blüthner-Flügel zu den Erben. In den leeren Räumen der unteren Etage hallten die Schritte. Abschied. Wer noch wohnte auf dem Frankenhorst, musste gehen. Auch die Berufsschüler nebenan zogen in die Stadt.

Brunhilde Wöhlbier, außerhalb der Zone, blieb. Sie hatte zum zweiten Mal Glück. Als 1945 sowjetische Offiziere nach Wickendorf und auf den Frankenhorst zogen und den Dichterhaushalt für mehrere Monate vom Hof vertrieben, war das Wöhlbiersche Anwesen uninteressant gewesen, da ohne Stromanschluss. Jetzt lag es einfach weit genug ab vom künftigen Gästehaus. Wöhlbiers mussten jedoch ein Stück ihres Obstgartens abgeben, damit die Straße um- und Neugierige abgelenkt werden konnten. Am neuen eisernen Tor sollte niemand stehen bleiben. Auch wir nicht. Betreten verboten.

Heinz Grothe, der verhandelnde Erbe Hans Francks, gab nach, als die SED-Funktionäre ihn zum Verkauf des Frankenhorsts drängten. Bei Sylvia Lehtinen, der ein Wochenendgrundstück neben der ehemaligen Berufsschule gehört, bissen sie auf Granit. Noch 1985 wurden dringende Kaufgesuche nach Finnland geschickt, wo Lehtinen seit Jahrzehnten lebt. Doch sie wollte das Seegrundstück ihrer Eltern nicht aufgeben. So planten die Landschaftsarchitekten das »Ferienobjekt Frankenhorst« nur bis zu ihrem Zaun.

In der abgelegenen, nicht einsehbaren Zone muss bald emsige Betriebsamkeit geherrscht haben. Das große Wohnhaus wurde entkernt und erweitert, die verzierte Ziegelfassade erhielt einen schlichten Grauputz. Gärtnerhaus und Scheune mussten weichen, während die ehemalige Berufsschule zum Nebenhaus mit Besprechungsraum und Ferienzimmern umgebaut wurde. Für den Objektleiter ließ man ein Fertigteilhaus, Typ FH 80, neben dem neuen Tor aufstellen. Die Energieversorgung der Ferienanlage wurde durch eine eigene Transformatorenstation abgesichert, die im alten Hausgarten ihren Platz bekam. Der ganze Umbau kostete 7,6 Millionen DDR-Mark. Doch all dies wussten nur Eingeweihte.

Brunhilde Wöhlbier hielt sich abseits. Und doch verfolgte sie sehr genau, wie Männer von der Deutschen Post eines Tages eine tiefe Furche durch ihre Koppel gruben. Hier wurde die separate Leitung für das so genannte Rote Telefon verlegt. Es soll wirklich einen Apparat dieser Farbe gegeben haben, der die hohen Genossen direkt mit noch höheren verbunden haben mag. Das Interesse der Frau galt jedoch nicht der geheimnisvollen Telefonverbindung, sondern einem sehr alten Kapitel der Dorfgeschichte. Brunhilde Wöhlbier ging am frischen Graben entlang und musste nicht lange suchen. Ihre Mutter hatte schon in Kindertagen davon erzählt: Hier stand die alte Ziegelei! Und Anfang der 1960er Jahre hatte sie der LPG-Vorsitzende Walter Pilaczinski gewarnt: »Wenn du auf deiner Koppel mal gräbst, Mädel, dann brich nicht ein, da sind noch Hohlräume.« Pilaczinski hatte zu den Arbeitslosen der 1920er Jahre gehört, die die Trümmer der alten Wickendorfer Ziegelei räumen und das Feld zu einer Ebene planieren sollten. Die unterirdisch gebauten Ofenanlagen füllten die Männer damals nur halbherzig mit Trümmersteinen auf. Das sollte die Bruni doch wissen! Nun sah sie zu, wie der schmale Graben mit den erdigen Ziegeltrümmern wieder geschlossen wurde. Sollten die Kabelfritzen doch eifrig an ihr vorbei schaufeln! Natürlich schweigend, anscheinend mit ihrem Protest oder zumindest ihren Fragen rechnend, auf die sie – der gebotenen Geheimhaltung gemäß – nicht antworten würden. Doch da Brunhilde Wöhlbier selbst einen Telefonanschluss besaß, kam nicht einmal Neid auf. Sie spürte nur der Bestätigung alter Geschichten nach. Was wussten die Jungs denn von damals? Sie durften in die Zone. Sie hatten einen Auftrag. Das Rote Telefon. Brunhilde Wöhlbier wich zurück und beobachtete zwölf Jahre lang das Kommen und Gehen auf dem Frankenhorst.

Was sich die Genossen dort so leisteten, mit welchem Kunstgewerbe sie die Zimmer und das Restaurant ausstatteten und dass die Anfertigung des ledernen Gästebuchs 232,95 DDR-

Mark kostete, ist auf Quittungen hinterlegt. Im Schweriner Stadtarchiv sind bündelweise Rechnungen aufbewahrt. Einmal soll der Fleischlieferant versehentlich seine Frankenhorster Ladung im Dorfkonsum abgegeben haben. Die Wickendorfer freuten sich über Filets und Steaks.

Wir Schwestern lösten uns aus der Menge, liefen und fanden das Gärtnerhaus nicht mehr. Auch die Scheune nicht. Woher hätten wir dies wissen sollen? Der Tannenweg hatte einen Straßenbelag bekommen und war mit Laternen versehen. Beinahe städtisch sah es hier aus.

Doch der Frankenhorster Küchenchef konnte mit den Fleischpäckchen der Konsum-Verkaufsstelle nichts anfangen, und der Fehler flog auf. Diese Anekdote wurde gern erzählt – ebenso die Erinnerungen an den Honecker-Besuch im Mai 1987. Obwohl die Prominenz mit dem Dampfer ihr Domizil erreichte, war die ganze Gegend abgesperrt. Wer im Dorf auch nur die Polizeifahrzeuge gesehen hatte, bewahrte sich den Glauben, Honecker & Co. für einen Moment ziemlich nahe gekommen zu sein. Und das war schon was!

Kurz nach dem Fall der Mauer öffnete sich auch das Tor zum Frankenhorst wieder. Angehörige der HO-Gaststätten Schwerin gründeten eine GmbH und führten das Gästehaus als Hotel

weiter. In Scharen begaben sich die Schweriner Ostern 1990 auf die Halbinsel, um mit eigenen Augen zu sehen, worüber in all den Jahren gemunkelt wurde. Sie kamen aus dem Staunen nicht heraus: Die schönste Ecke habe sich »der Erich« da ausgesucht! Und vom Feinsten sei das ganze Haus. Wir Schwestern lösten uns aus der Menge, liefen und fanden das Gärtnerhaus nicht mehr. Auch die Scheune nicht. Woher hätten wir dies wissen sollen? Der Tannenweg hatte einen Straßenbelag bekommen und war mit Laternen versehen. Beinahe städtisch sah es hier aus. Hinten, mitten hinein in die Obstplantage, war sogar eine Wendeschleife gebaut und asphaltiert worden. Die schmale Straße bog nach links ab, führte am Ruinenhügel vorbei und endete an einem Stichgraben, von dem schon vor Jahren im Dorf erzählt wurde. Sollte dies der neue Frankenhorster Hafen gewesen sein? Kaianlagen waren nicht zu erkennen. Ob hier wirklich Yachten angelegt haben? Einzig unsere Ruine war geblieben, was sie schon vorher war. Ein Hügel mit Fuchslöchern, überwuchert von Unkraut und Gestrüpp. Die letzten Ziegelbrocken mussten wir suchen, doch wir hatten Ruhe dabei. Die Besucherscharen vergnügten sich im Park und am See, nicht hier hinten.

Diese Frage blieb: Was war die Ruine vor über hundert Jahren gewesen? Tatsächlich eine der beiden Wickendorfer Ziegeleien, von denen die andere auf der Wöhlbierschen Koppel produziert

hatte? Standen hier die Eichen und Buchen mitten im hochgewachsenen Gestrüpp der Feuchtwiese so schnurgerade nebeneinander, weil sie einen Transportweg begrenzt hatten? Hänsel und Gretel, die in unserer Bilderbuch-Erinnerung immer hier gelebt hatten, verdrückten sich.

Eine Wickendorfer Postkarte mit vier Fotos aus der Zeit um 1910 stellt noch einmal alles auf den Kopf. Eines der Bilder wurde am anderen Ende der Ziegelsee-Bucht, vom Getrudenhof aus, aufgenommen. Von dort hatte man einen umfassenden Blick über die Halbinsel, die Jahre später Frankenhorst genannt werden sollte. Die Silhouette mehrerer Industriebauten mit drei hohen Schornsteinen und einigen flachen Gebäuden beherrscht das ganze Gelände. Zementfabrik steht auf dem Foto. Zementfabrik? Irrtum ausgeschlossen? Eine andere Aufnahme zeigt junge Frauen und Männer, die auf einem Feld unbewegt auf das Zeichen des Fotografen warten, der jedoch alles auf seine Platte bannen wollte: den Acker, die hohen Schornsteine, ein mehrstöckiges Ziegelei-Gebäude und sogar die »Seelust« im Hintergrund.

Ja, das war das Ausflugslokal, inmitten der Fremdheit dieser Postkarte eine Orientierung. Denn die Fensterreihen gab es noch in unserer Zeit, als das Haus eine Berufsschule gewesen war. Die Szene auf dem Foto spielte sich also eindeutig auf der späteren Koppel ab, die in den 1930er Jahren Brunhilde Wöhlbiers Eltern gehörte. Und genau hier hatte der arbeitslose Walter Pilaczinski Ziegelei-Trümmer vergraben. Und heute wird dort immer noch eine gewisse Telefonleitung liegen. Ein Kreis scheint sich zu schließen.

Doch war auf dem anderen Foto auch noch die Zementfabrik, unsere Ruine. Sie hat ihre eigene Geschichte und, so kann man nachlesen, war von der Ziegelei unabhängig. Die Fabrik wurde 1867 von Friedrich Meukow auf der Halbinsel gebaut. Erst ein Jahr zuvor hatte er die Zementfabrik am Schweriner Burgsee übernommen – ein Fehler. Der qualmende Industriebetrieb war zu nahe am Schloss errichtet worden und damit bei ungünstiger Windrichtung ein Ärgernis für den Großherzog, der gerade erst hatte umbauen lassen. Ende der 1860er Jahre musste die Fabrik am Burgsee abgerissen werden. Die neue Anlage auf der damaligen Wickendorfer Hufe V, später Frankenhorst, wechselte 1871 ihren Besitzer und den Firmennamen. Fortan produzierte hier die »Schweriner Portland-Cement-Fabrik Stehmann und Liefmann«. Vermutlich war es Hermann Stehmann, der sich im Sichtbereich der Fabrik eine Villa, das spätere Dichterhaus, baute. Die rote Ziegelfassade versah er mit erhabenen Mustern, einer Zackenreihe unter den Fenstern der ersten Etage und einem zahnartigen Fries einen guten Meter über dem Erdboden. Natürlich wollte der Mann vom Fach auch das eigene Haus dem Zeitgeschmack entsprechend schmücken. Das Wappen, das noch 1977 unter dem Westgiebel prangte, ging sicher auf ihn zurück, wurde aber im Rahmen des Umbaus zum SED-Gästehaus mitsamt der verspielten Fassade abgeschlagen.

Die Firma Stehmann muss gut zwei Jahrzehnte erfolgreich produziert haben. Auch den Betreibern der Wickendorfer Ziegeleien ging es lange Zeit dank der zahlreichen Bauvorhaben in der Stadt Schwerin recht gut. Schon zu Beginn des 19. Jahrhunderts wurden plötzlich viel mehr gebrannte Ziegel gebraucht. Der Großherzog Friedrich Franz I. hatte nämlich 1802 verfügt, dass »alle neuen Gebäude massiv von gebrannten Ziegeln oder Feldsteinen... erbauet werden«, um die Gefahr von Stadtbränden einzudämmen. Die Zahl der Brennvorgänge in der alten, um 1770 errichteten Ziegelei, wurde erhöht. Den dazu benötigten Torf mussten die Wickendorfer Bauern unentgeltlich aus dem Wickendorfer und dem Ramper Moor anfahren. Um 1825 wurde eine zweite Ziegelei unterhalb des späteren Getrudenhofes errichtet. Der lehmhaltige Boden der glazial geformten Landschaft wurde in unmittelbarer Umgebung für die Ziegelherstellung abgetragen. Doch war er in der Tiefe nicht mehr erster Güte. Der 1868 errichtete Hoffmannsche Ringofen erhöhte zwar deutlich die Produktivität, aber gerade in dieser Zeit wuchs auch Konkurrenz heran – eben die zunächst rentabel arbeitende Zementfabrik in Sichtweite, die jedoch 1894 Konkurs anmeldete. Die Ziegelei stellte erst 1922 die Produktion ein. Die in beiden Unternehmen benötigten Arbeitskräfte – es sollen in besten Zeiten bis zu 200 gewesen sein – lebten in dem 1861 errichteten Armen-Arbeitshaus. Dieses hatte einen weit im Lande bekannten Ruf. Väter sollen ihren ungezogenen Sprösslingen gedroht haben: »Du müßt hen nah Wickendörp un de Steinkor schuwen!«

Oder gar: »Du wirst noch in Wickendörp enden!« Im Hause sollen auch »gefallene Mädchen« gelebt haben, die in Gruppen noch nach der Jahrhundertwende von strengen Schwestern zu den nahe gelegenen Gütern geführt wurden, wo sie zumeist in der Landwirtschaft arbeiteten.

Väter sollen ihren ungezogenen Sprösslingen gedroht haben: »Du müßt hen nah Wickendörp un de Steinkor schuwen!« Oder gar: »Du wirst noch in Wickendörp enden!«

Anfang der 1920er Jahre, als Hans Franck bereits auf dem Frankenhorst lebte, war die Zementfabrik schon dem Erdboden gleichgemacht worden. Walter Pilaczinski und andere Arbeitslose schippten die Trümmer der Ziegelei in die Koppel und planierten den Boden. Sichtbar blieben nur die schroffen Abhänge am »Lehmbrink« und der in Ufernähe mit Ziegelbruchstücken übersäte Seegrund.

Brunhilde Wöhlbier, über 80 Jahre alt, hat ihr ganzes Leben in der Nähe des Frankenhorsts, auf dem Gertrudenhof oder in Wickendorf verbracht; sie weiß Bescheid. Und sie ist sich sicher, dass unter dem Gertrudenhof, am See, nichts mehr an eine Ziegelei erinnert. Sie kennt dort jeden Strauch. 1928 wurde sie in einem der beiden Hofkaten geboren. Ihre Großmutter, Johanna Knoch, hatte 1908 aus dem Armen-Arbeitshaus das Ausflugslokal »Seelust« entstehen lassen, ihre Mut-

ter Anna feierte dort 1920 ihre Hochzeit mit Max Bahls, einem Gärtner. Doch während der Zeit der Inflation ging der Familie die »Seelust« verloren, und sie zog auf den nahe gelegenen Getrudenhof. Deshalb wurde Brunhilde hier geboren. Bereits 1930 baute der Vater, Max Bahls, in der Nähe des Lehmbrinks ein neues Haus mit großem Garten, in dem er für den gewerblichen Handel Freilandgemüse anbaute und Obstbäume pflanzte. Einen Steinwurf von hier entfernt wohnte der Dichter Hans Franck.

Brunhilde Wöhlbier zieht sich die derben Wanderschuhe an, und wir machen uns auf den Weg zum Gertrudenhof. Einer der Torpfähle steht noch; das vornehme Baumrondell, von einer befestigten Wegschleife umgeben, lässt früheren Reichtum erahnen. Hier wohnte vor hundert Jahren der Holz- und Kohlenhändler Friedrich Brinkmann. Das Wohnhaus, die Stallungen und auch die Nebengebäude wurden Ende der 1970er Jahre abgerissen. Dichtes Gestrüpp hat sich auf dem Gelände breit gemacht. Am Abhang kippen die letzte Hauswand und Reste der Terrasse fast zum See hinunter. Brunhilde Wöhlbier steigt sicheren Schrittes die Böschung hinab und ist ganz ohne Wehmut. Tatsächlich stoßen wir auf Fundamentreste, die mit dichtem Moos bewachsen sind. Die Ziegelei? Frau Wöhlbier schüttelt den Kopf. Das sind Reste vom Hühnerstall der LPG! Ich bin enttäuscht. Aber sie muss es wissen, sie war Hauptbuchhalterin in der Genossenschaft. Und direkt am See, unter dem Buschwerk, da steht doch noch ein massiver Ziegelklotz? Das sei die alte Pumpstation der LPG gewesen. Keine Spuren der Ziegelei mit dem bahnbrechenden Hoff-

mannschen Ringofen. Die Mauersteine, die am Ufer jüngst um eine Feuerstelle gelegt worden waren, suchen wir nach Zeichen ab. Ja, ein einziger Stein weist Reste eines elliptischen Schriftzuges auf, doch entziffern können wir ihn nicht.

Vielleicht sind wir die letzten, die sich, an sperrigen Ästen festhaltend, genau dort die Böschung hinauf hangeln, wo einst eine gemauerte Treppe zum Gutshaus führte. Ein paar Stufen finden wir tatsächlich noch. Von den Resten der Terrasse aus ist hinter dem See die Halbinsel zu sehen – wie auf der Postkarte, die fast hundert Jahre alt ist. Doch Hans Francks Tannenweg und die Pappeln gab es damals noch nicht. Und den neuen Yachthafen »Marina Frankenhorst« erst recht nicht.

Zuerst Fabrikantenvilla, später Dichterstätte, dann SED-Ferienheim – jetzt bleibt das Haus mit dem vertrauten Winkel im Giebel ein Hotel. Sonniges Fassaden-Gelb, ein vom Licht durchfluteter Wintergarten, der Blick zum Wasser: Seehotel Frankenhorst. Eine feine Adresse. Gleich links steht eine Tür offen, über der in großen Messing-Lettern steht: Hans-Franck-Bibliothek. Die hohen Lehnstühle im angedeuteten Biedermeier sind besetzt. Hans-Franck-Bücher sind hier keine Pflichtlektüre, aber sie stehen im Regal, griffbereit. Hinter Glas entziffert, wer es denn kann, die handgeschriebenen Widmungen.

Ein Blick zurück. Genau hier. Der alte Park hat sich längst erholt. ◼

Den schönsten Platz für Henriette!

Der Alte Friedhof in Schwerin

Georg Adolph Demmler harrte aus am Krankenbett seiner Frau. Henriette litt Ende 1861 schwer an Magenkrebs und hielt sich am liebsten in der blauen Stube des Demmlerschen Wohnhauses auf. Das Sofa war dem Zimmer in seiner Farbgebung angepasst; wenn überhaupt, dann empfand sie hier etwas Linderung. Es gefiel ihr, wenn Demmler sie in seine Projekte einweihte. Jetzt ging es um den Ausgang des Schweriner Kirchhof-Streites. Großherzog, Oberkirchenrat, Magistrat und Bürgerausschuss hatten sich lange Zeit nicht einigen können, wo der neue Friedhof angelegt werden sollte. Favorisiert waren der Platz vor dem Wittenburger Tor und der vor dem Wismarschen Tor. Für Demmler

schienen beide Orte ungeeignet, Henriette kannte die Gründe. Schließlich könnten sich die Miasmen, die bei Verwesung entstehenden Leichendünste, bei Ost- und Westwinden übel über der Stadt verflüchtigen! Außerdem sei der Wittenburger Berg eine stark von Fuhrwerken frequentierte Straße. Sollten denn die Leichenzüge mehrmals anhalten, um Entgegenkommende passieren zu lassen? Der Platz vor dem Wismarschen Tor war zwar von Bau- und Straßenlärm unbeeinträchtigt, aber zu weit abgelegen und konnte einer späteren nördlichen Ausdehnung der Stadt im Wege stehen. Demmler war schon auf dem Père Lachaise in Paris gewesen. Er wusste, wo sich in Schwerin ein Friedhof planen ließ – am Hügel, links vor dem Feldtor! Das nach

Westen ansteigende wellenförmige Terrain mit dem sandigen Boden bot beste Bedingungen für einen parkähnlichen Kirchhof. Hier konnten Trauernde und Spaziergänger den weiten Blick über die Stadt und den Ostorfer See genießen und Trost finden.

Demmler überzeugte den Großherzog, der Standort wurde beschlossen. Henriette fürchtete, sie könnte die Erste auf dem neuen Friedhof sein;

ihr auch oft ein Zeichen durch freimaurische Schläge an die Kapellenmauer«. Zur Friedhofseinweihung, am 28. Juli 1863, war die eigene Grabkapelle jedoch noch nicht fertig. Demmler widmete sich mit besonderer Hingabe dem kleinen Bauwerk, das ein architektonisch einzigartiges Bekenntnis zur Freimaurerei werden sollte. Am 23. Oktober 1864 wurde Henriette unter großer feierlicher Anteilnahme der Schweriner überführt und in dem kubusartigen Bau beigesetzt. Wer in der Trauergemeinde aufblickte und das Sandstein-Mausoleum als Kunstwerk wahrnahm, wird rasch seiner magischen

Das nach Westen ansteigende wellenförmige Terrain mit dem sandigen Boden bot beste Bedingungen für einen parkähnlichen Kirchhof. Hier konnten Trauernde und Spaziergänger den weiten Blick über die Stadt und den Ostorfer See genießen und Trost finden.

so kam es jedoch nicht. Demmler erklärte ihr, sie käme »zuerst in eine Kapelle des Domfriedhofes, nachher nach dem neuen Kirchhofe an eine schöne Stelle, wo wir zusammen ruhen werden«. Ja, ein erhöhtes Grab wollte sie haben, geschmückt mit Veilchen und Vergissmeinnicht. Und es sollte die »schönste, aber auch die schonste Stelle« auf dem neuen Kirchhof sein. Sie verstarb am 7. Mai 1862, wurde wunschgemäß im braunseidenen Kleid aufgebahrt und am 11. Mai in der Kapelle auf dem altstädtischen Friedhof beigesetzt. Noch während Gartenbaudirektor Theodor Klett mit dem Anlegen der Wege auf dem neuen Kirchhof beschäftigt war, wählte Demmler den Platz für das Mausoleum und begann mit den Bauarbeiten. Auf dem Weg dorthin, wenn er über die Reiferbahn zum neuen Kirchhof ging, besuchte er Henriette »mehrere male und gab

Symbolik erlegen gewesen sein. Vergeblich mag das Auge die verschlungenen Knoten zu lösen versucht haben, die das steinerne Umfassungsseil in lockeren Schwüngen oberhalb der Pforte, an den Gebäudeecken und mittig auf jeder Seite zusammenzieht. Rätselhaft und augenfällig sind auch die beiden Knotensäulen rechts und links vom Portal. Die Kapelle ruht jedoch mit all ihren sorgfältig platzierten Symbolen – Zirkel, Drudenfuß und Maurerwerkzeug – in einem geometrisch exakten Gleichgewicht, dem Kenner gern bis in kleinste, sinnträchtige Details nachspüren. Demmler verfolgte noch über zwanzig Jahre, wie das südliche Tageslicht durch die Kapelle wanderte und sich hinter der Glastür mit der von oben einfallenden Helligkeit mischte. Als der Hofbaurat a. D. im Januar 1886 selbst in seiner Kapelle beigesetzt wurde, hatte der damals so genannte »Neue Friedhof« schon erste Erweiterungen erfahren und erinnerte auf Obelisken und Sockel-Kreuzen, hinter eisernen Pforten und unter allmählich wachsenden Baumkronen an die Verstorbenen der Stadt. Friedrich-Carl Wex war schon dabei, der Direktor des Fridericianums, das damals noch im düsteren Seitenflügel des Doms untergebracht war. Sein monumentales Marmor-Grabmal stifteten Schüler und Lehrerkollegen. Wex hat das Gymnasium 32 Jahre lang geleitet, bis zu seinem Tod im August 1865. Immer wieder hatte er einen Schulneubau angeregt und schließlich dessen Bewilligung erwirkt. Doch er erlebte den Willebrandschen Neubau des Fridericianums am Pfaffenteich nicht mehr. Nicht allzu weit von ihm liegt nun der Architekt Hermann Willebrand, der neben dem Fridericianum am Pfaffenteich u. a. auch das Hauptgebäude der Rostocker Universität, das Schweriner Neustädtische Palais und das Museumsgebäude am Alten Garten entwarf.

Auch Friedrich Wilhelm Kücken, der Hofkompositeur und Sohn eines Scharfrichters, liegt in diesem Areal begraben. Er war erfolgreich, verdiente gut mit Auftragskompositionen und konnte sich Anfang der 1860er Jahre eine Villa am Pfaffenteich leisten, ein paar Schritte entfernt von Wex' alter Schule am Dom und wenige mehr vom Neubau des Fridericianums. Der Komponist gründete die »Kücken-Stiftung«, die der Förderung mittelloser musikalischer Talente dienen sollte.

Ein heute noch deutlich fühlbares Geflecht gemeinsamen Wirkens zieht sich über all diese Gräber, auf den ersten Blick nur sichtbar durch die Jahreszahlen auf den Grabsteinen, den vorangestellten Beruf oder die gesellschaftliche Stellung. Der eine

wird den anderen gekannt, der Lehrer den Sohn des Kaufmanns unterrichtet haben oder jenen sogar auch schon. Die Generationen gehen fließend ineinander über, wenn es im Gedankenspiel nur darauf ankommt, Verknüpfungen zu finden. Das Spiel hört abrupt auf bei den Soldatengräbern. Der

die Todkranken kaum noch aufnehmen. Auf dem Friedhof wurden Massengräber angelegt. Gefallene Soldaten behielten ihre Identität durch die Blechmarke. Auch wenn erst Jahrzehnte später Gedenktafeln mit deren Namen in den Rasen eingelassen wurden, so hatte man seinerzeit immerhin noch

Heute noch lassen sich verschobene Grabeinfassungen, Splitter-Spuren an Grabkreuzen und unregelmäßige Bodendellen finden, die auf die Bombardierung zurückzuführen sind. Die Stadt blieb von weiteren Luftangriffen verschont, doch die Schweriner, tausende Flüchtlinge und später die Kriegsheimkehrer waren traumatisiert.

Listen anfertigen können: Name, Vorname, Geburts- und Sterbedatum. Der am 7. April 1945, vermutlich beim Fliegerangriff der Amerikaner, gefallene Lindquist hatte keinen Vornamen hinterlassen. Also bleibt eine Lücke auf der Tafel. Kurios ist nun jedoch, dass ein paar Schritte von der Tafel entfernt ein älterer Einzelgrabstein steht - für Edgar Lindquist aus Riga, geboren am 22.12.1903, verstorben an

Fliegerunteroffizier August Kaufmann ist 19jährig gefallen, 1915, und Richard Wiesner, 27, von der Fliegerschule Görries, zwei Jahre später. Vielleicht sind sie sich vor ihren tödlichen Einsätzen wirklich einmal begegnet? Müßig darüber nachzudenken. Denn alle jungen Füsiliere, Musketiere, Fahrer, Landsturmmänner, Reservisten und Ersatzreservisten des Ersten Weltkrieges liegen hier als Entwurzelte. Sie haben ein Grab und immerhin ihren Namen und ihre Lebensdaten hinterlassen. An anderer Stelle ragt ein Christuskreuz aus einem üppigen Koniferen-Hain, und auf der Wiese kündet die Grabplatte von »394 Deutschen, die 1945 / 1946 nach schwerem Leid hier ihre letzte Ruhe fanden«. Die Stadt war von Flüchtlingen überfüllt, das Lazarett konnte

jenem 7. April. Schmunzeln ist auf Friedhöfen erlaubt, auch wenn man an den übermüdeten Steinmetzen denkt, der sich beim Einfräsen des Todesjahres von Bernhard Trense (1920-1945) so arg verschrieben hat, dass statt des Sterbejahres nur ein zweifaches Übereinander von Vier und Fünf zu erkennen ist.

Die amerikanischen Bomberpiloten nahmen am 7. April 1945 das Straßenbahndepot ins Fadenkreuz, den Bahnhof hatten sie eigentlich treffen wollen. Jener blieb verschont, Teile der Feldstadt erlitten schwere Schäden mit 217 Toten. Der benachbarte Friedhof bot nach den Angriffen ein Bild des Grauens. Heute noch lassen sich verschobene Grabeinfassungen, Splitter-Spuren an Grabkreuzen und unregelmäßige Bodendellen finden, die auf die Bombardierung zurückzuführen sind. Die Stadt blieb von weiteren Luftangriffen verschont, doch die Schweriner, tausende Flüchtlinge und später die Kriegsheimkehrer waren traumatisiert.

Kaum zu glauben, dass es in dieser Zeit Kinder gab, die an der Hand der Großmutter gern über den Friedhof schlenderten. Klaus Schlüter, fünf oder sechs Jahre alt, liebte diesen Ort, die feierliche Stille und das wuchernde Grün. Am sehr frühen Morgen fand er es am schönsten, wenn die Nachtigall ihre Strophen flötete, mal im Crescendo, mal schluchzend und wieder abschwellend. Der schmale Junge reckte den Kopf in den Nacken und strich mit seinem Blick über jeden Tannenzweig, um diesen Vogel zu finden. Du musst wissen, wer gewöhnlich wo sitzt, dann findest du sie, flüsterte die Großmutter und deutete auf den Winzling, der gellend dazwischen tönte, einen Zaunkönig. Den hatte Klaus längst gesehen, er war ja geübt im Zuordnen der Vogelstimmen. Die Nachtigall wollte er finden! Schön war sie nicht, aber seltsam bezaubernd. Mitte Juni würde wieder ihr Schweigen beginnen, und wenn er sie bis dahin nicht leibhaftig gesehen hatte, wollte er sich wenigstens einige ihrer Strophen einprägen. Manchmal hockte sich Klaus auf eine Grabeinfassung und lauschte, was die Vögel einander zuriefen. Grenzten sie ihr Revier ab oder lockten sie eine Braut? Antwortete jemand? War dies eine kleine Welt neben der unsrigen, die zu verstehen er lernen konnte?

Es war die viel größere, viel freiere Welt, und da er seine Kindheit in der Natur verbrachte, lernte er mit allen Sinnen und in großen Zügen. Am liebsten hätte der hoch aufgewachsene Abiturient Forstwirtschaft studiert, doch er lernte zunächst den

> Die Nachtigall wollte er finden! Schön war sie nicht, aber seltsam bezaubernd. Mitte Juni würde wieder ihr Schweigen beginnen, und wenn er sie bis dahin nicht leibhaftig gesehen hatte, wollte er sich wenigstens einige ihrer Strophen einprägen.

Beruf eines Vermessers und studierte dann Geodäsie an der TU Dresden. Wie eng war doch die Welt des furchtlosen Studenten! Ein Schritt zu weit, ein Wort zu viel – das sicher nicht staatsgefährdend war – und Klaus Schlüter wurde 1960 acht Monate inhaftiert. Andere saßen länger, wurden mutlos. Schlüter litt am meisten daran, dass er seinen an Krebs erkrankten Vater nicht mehr lebend sehen durfte. Nach der Haft hatte er sich als Vermesser in der Praxis zu bewähren und konnte erst 1969 sein Studium beenden. Schon seit der Schulzeit widmete er sich dem Naturschutz, baute Nistkästen und spürte instinktiv, wem er in Umweltschutzgruppen trauen konnte und wem nicht. Er zählte im Schweriner Kulturbund zu den Gründungsmitgliedern der Gesellschaft für Natur und Umwelt und leitete die Fachgruppe Stadtökologie. In den 1970ern, da liefen seine drei Kinder längst mit, trug er seine längste Leiter auf den Friedhof und nagelte Nistkästen an einige Baumstämme. Wenn

du weißt, wo wer gewöhnlich sitzt, dann findest du sie, hatte die Großmutter gesagt. Klaus Schlüter wusste das noch ganz genau. Die Nachtigall zeigte er seinen Kindern; suchen musste er nicht lange. Auch Zilpzalp, Mönchsgrasmücke, Gimpel und Girlitz lernten sie unterscheiden. Ein Star hatte statt im Kasten in einem Specht-Loch genistet. Das sollten sie ihm nicht verübeln, sondern froh sein, dass die Natur sich selbst helfe. Nur im Winter, wenn die Nachtigall längst fortgezogen war, zitterten Buchfink und Blaumeise nach erfolgloser Nahrungssuche zwischen den Gräbern. Nicht weit von der alten Trauerkapelle, auf der offenen Wiese, war Platz für ein Vogelhäuschen. Klaus Schlüter baute es selbst und klopfte den Pfahl in den Boden. Die Friedhofsverwaltung wunderte sich nicht. Das war eben der Stadtökologe, der Vogelnarr; der wusste, was er tat. Ob er sich denn auch um das Füttern kümmert? Das brauchte Schlüter niemand zu sagen. Selbst Heiligabend ging er mit einer Ration Sonnenblumenkerne auf den Friedhof und dachte dabei an ein Weihnachtsmärchen von Hans Fallada.

Als 1970 der Waldfriedhof im Haselholz eröffnet wurde, erfolgten auf dem innerstädtischen Friedhof nur noch Bestattungen in vorhandenen Familiengräbern. Das Gelände würde nach Jahrzehnten ein Landschaftspark, ein Ausflugsort, geworden sein. Doch noch gab es die Pfade, auf denen Klaus Schlüter Vogelfreunde durch den frühen Morgen führte – und nebenbei erzählte er Anekdoten aus dem Schweriner Nähkästchen. Wenn die Gruppe am Grab von Rudolf Karstadt vorbei kam, stutzte mancher, der den Namen nur von den gemusterten Plastikbeuteln aus dem Westpaket kannte. Karstadt?

Der Begründer des Warenhauskonzerns war 1944 in Schwerin gestorben. Klaus Schlüter amüsierte sich im Stillen, falls einige nun verklemmt vor sich hinstarrten, weil allein das Wissen um solch ein Kaufhaus schon auf Westkontakte hindeuten konnte. Er drehte sich um und ging aufrecht weiter.

Schlüter hatte seine Freunde, denen er vertraute, Gleichgesinnte, die auch ein feines Gespür entwickelten für alles, was vor Partei- und Staatsräson bewahrt werden musste, damit es erhalten bleibt. Da war zum Beispiel Nils Rühberg, ein Freund, Geologe und Denkmalschützer. Der rettete alte Schweriner Haustüren, kurz bevor Bagger sich das Gebiet um den alten Großen Moor vornahmen. Rühberg zurrte die Türen, Fensterbeschläge und was die Denkmalpflege noch zur Dokumentation des alten Häuserbestandes brauchte, an seinem Fahrrad fest. Immer wieder.

In der Wendezeit änderten sich bei beiden die Art der Anspannung und die Möglichkeiten der Einflussnahme auf das politische Geschehen. Klaus Schlüter, seit langem im engen Kontakt zu anderen Umweltgruppen der DDR, fand sich schnell in Strukturen wieder, die er noch Wochen zuvor nicht für möglich gehalten hatte. An den Runden Tisch rückte er als Vertreter der Grünen Liga; wenig später fand er sich in der »Regierung der nationalen Verantwortung« von Hans Modrow wieder. Als Minister ohne Geschäftsbereich. Die wenigen Monate bis zum 18. März 1990 waren für ihn eine Zeit intensivster Auseinandersetzung und Orientierungssuche. In der Rückschau ist ihm so, als hätte jeder dieser Tage seine eigene, tiefe Bedeutung gehabt, gerade weil das Zeitmaß ein anderes war als je zuvor in seinem Leben. Nach der Volkskammerwahl ging er gern zurück nach Schwerin und fand politisch seinen Platz in der Grünen Liga.

Seit 1997 werden auf dem Alten Friedhof wieder neue Gräber angelegt. Jenseits der knorrigen Alleen, der im Schatten wuchernden Hecken, der Kapellen und der romantischen Bildhauerkunst, dehnen sich die jungen Grabreihen aus mit niedrigem Buchsbaum und kleinen Rosenstöcken.

Seit 1997 werden auf dem Alten Friedhof wieder neue Gräber angelegt. Jenseits der knorrigen Alleen, der im Schatten wuchernden Hecken, der Kapellen und der romantischen Bildhauerkunst, dehnen sich die jungen Grabreihen aus mit niedrigem Buchsbaum und kleinen Rosenstöcken. Aber auch in älteren Zonen gibt es frische Grabhügel. Bertha Klingberg, die hochbetagte Schweriner Blumenfrau, hat ihren Platz 2005 noch im Schatten der hohen Linden gefunden, und die junge kommunale Ausländerbeauftragte, Annette Köppinger, in der Nähe älterer Gräber. Klaus Schlüter steuert auf ein Urnenfeld zu. In einen der Grabsteine ist ein Fossil eingelassen, eine Reminiszenz an Nils Rühberg, den Freund. Schlüter hält inne. Jeder Tod lässt sich schwer fassen. ■

Ruhstätte
Eduard Hub...

Die ganze Welt in Crivitz

Ein Arboretum entsteht

Wer früher in der Crivitzer Fahrzeugkolonne tuckerte, hatte das Gefühl, durch ein Adventskalender-Städtchen zu schleichen. Die Türen und Fenster waren ganz nah, manche noch verriegelt, andere standen offen, und die klirrenden Gläser in den Vitrinen schienen in Reichweite zu sein. Manche Risse in den Fassaden, auf den zweiten Blick, konnten nur dort geflickt werden, wo der Maurer ohne Gerüst auskam. Die Bürgersteige sind schmal im Stadtkern. Doch es lohnte ohnehin kaum, nach kurzer Zeit sprang das Mauerwerk erneut. Müßig, eine Häuserkette vor der Wucht von tausend vorbei rumpelnden LKW schützen zu wollen. Tausend jeden Tag.

Von einer Umgehungsstraße war schon lange die Rede. Aber durchs Eichholz und die Amtsbachniederung? Das ist ein Landschaftsschutzgebiet.

Als westlich der Stadt die Motorsägen heulten, schien es, als sollte das ganze Eichholz weichen. Brüllend setzten die Sägeblätter immer wieder an, helle Späne-Fontänen schossen hüfthoch an den Männern vorbei. Aufeinander geschichtet zeigten die Stämme das Ausmaß der Fällungen in ganz anderer Perspektive. Holz, Holz, Holz für das Sägewerk. Das Licht fiel plötzlich anders über den Eichholzhügel, und Regenwasser sammelte sich in neuen Gruben. Wer macht so etwas wieder gut? Und darf das einer überhaupt fragen, der die Crivitzer Enge erlebt hat?

Erst nach dem Planieren und dem Ausbreiten der aufgeschütteten Kiesbett-Ebenen bekam die Schneise etwas Straßenartiges, wie immer. Aus der Ferne wurden Brückenansätze und Zufahrten sichtbar. Nun wird es was mit der Umgehungsstraße, sagten sich die Pendler, die Spediteure und die Crivitzer.

Ein Crivitzer, Gernot Seelig, trug sich seit Jahrzehnten mit einer Idee. Jetzt aber wurde er nicht müde, immer wieder die Stadtväter zu besuchen, um sie von seinen Plänen zu überzeugen. Der Weg war ihm nicht fremd, Hemmschwellen spürte er nicht, er war selbst acht Jahre lang Bauamtsleiter gewesen, davor LPG-Vorsitzender und ganz früher ein Kriegskind mit Visionen, das nichts so sehr liebte wie die Natur. Fünfzehn Jahre lang war er mit seinem Hund immer gern über die hügelige Weide südlich der Bahnschienen gegangen. Eine LPG-Brache. Früher war dies Weide und Wiese und nach der Wende kurzzeitig Ackerland gewesen. Seelig weiß noch, wie die Traktoren hügelauf, wie von einer Schnur gezogen, ihre Furche hielten und hügelab kaum bremsen konnten. Andernorts haben die Bauern versucht, Anhöhen zu planieren. Das wäre hier Frevel gewesen, falls, wie Seelig schon in den 1980er Jahren träumte, hier einmal ein Arboretum entstehen sollte. Das hätte er nach Franz Prinz benannt, da war er sich mit Jürgen Dreist, dem Chef der Baumschule, einig.

Franz Prinz? Das war einer, der die Axt so sicher führte, dass jeder Baum punktgenau fiel. Ein Forstwirt aus Böhmen. Nach dem Zweiten Weltkrieg wurde er in Crivitz gebraucht. Es gab also schon einmal eine Zeit, in der das Licht Tag für Tag anders fiel in die Stadt. Wer den Blick dafür hatte, nahm dies wahr. Zuerst taten sich nur vereinzelt Lücken im dichten Grün des Waldmantels auf, dort, wo die Holzfäller sich eingerichtet hatten. Dann aber wurde großflächig gerodet. Obwohl die Motorsäge schon zwanzig Jahre zuvor erfunden worden war, werden hier nur Axt und Handsäge in Gebrauch gewesen sein. Quälende Muskelarbeit. Das Beben eines Tannenwipfels vom ersten Axtschlag bis zum Aufprall auf dem Waldboden konnte einen Vormittag dauern. Doch meist ging es schneller. Hieb und Schlag! Hieb und Schlag! Doch nicht für den Cri-

> Das Beben eines Tannenwipfels vom ersten Axtschlag bis zum Aufprall auf dem Waldboden konnte einen Vormittag dauern. Doch meist ging es schneller. Hieb und Schlag! Hieb und Schlag!

vitzer Tischler und nicht für die Öfen in Zapel! Grubenholz wurde hier geschlagen. Reparationsleistungen für die Sowjetunion! Der ganze Wald um Crivitz musste weg. Die Stämme wurden verladen, in endlosen Güterzügen nach Russland gebracht und dort, zurechtgesägt, in den schmalen Bergwerksgängen nebeneinander gefügt: rechte Wand, linke Wand, Decke. 560 Beschäftigte,

vorrangig aus Böhmen, arbeiteten an 12 Standorten in ganz Mecklenburg für den Holzbetrieb, dem Franz Prinz in Crivitz vorstand. Als 1949 die Lieferungen nach Russland eingestellt wurden, muss die Crivitzer Umgebung eine einzige Stubbenlandschaft gewesen sein. Baumstumpf neben Baumstumpf, Farne, Brombeerhecken. Die böhmischen Holzfäller, ratlos, hofften auf ihren Chef, Franz Prinz, ehe sie sich ohne Arbeit auf den Heimweg gemacht hätten. Doch Prinz, der Forstwirt, der längst die andere Seite seines Tuns im Auge hatte, brauchte sie weiterhin, denn nun musste wieder aufgeforstet werden, was gerade abgeholzt worden war. Während die Holzfäller einfache Dreiböcke und Flaschenzüge

Während die Holzfäller einfache Dreiböcke und Flaschenzüge bauten, um die Stubben etwas leichter aus der Erde zerren zu können, setzte Franz Prinz Kiefernsämlinge an.

bauten, um die Stubben etwas leichter aus der Erde zerren zu können, setzte Franz Prinz Kiefernsämlinge an. Nur so konnte er einen neuen Wald schaffen! Er gründete eine Baumschule und achtete von Beginn an auf eine artenreiche Anzucht. Seiner umsichtigen Betriebsführung war es zu danken, dass diese Crivitzer Baumschule sich zu einer der erfolgreichsten in der DDR entwickelte. Währenddessen legte sich um das Städtchen, ohne dass eine Behörde umweltpolitische Auflagen erstellt hätte, wieder ein Waldmantel, der

langsam dichter wurde und dem nun niemand mehr den Kahlschlag ansieht.

Wenn Gernot Seelig von Franz Prinz erzählt, leuchten seine Augen. Fünf Jahre, bis 1968, hat er noch mit ihm zusammengearbeitet, ihn gar als väterlichen Freund erlebt. Das hat den Landwirt geprägt und auch sein Engagement nach dem Bau der Umgehungsstraße gesteuert. Doch gibt es heutzutage behördliche Auflagen, wieder genau das aufzuforsten, was für den Straßenbau abgeholzt wurde. Was Franz Prinz aus eigenem Antrieb vollzog, regeln Straßenbauamt und Untere Naturschutzbehörde in enger Abstimmung miteinander. Die Anerkennung von sogenannten Ausgleichsflächen oder -maßnahmen, deren finanzielle Untermauerung und die Absicherung, dass entsprechende Projekte wirklich Wurzeln schlagen, sind längst zu einem Politikum geworden. Das jedoch schreckt einen wie Gernot Seelig nicht ab. Er kennt die Spielregeln, und er kennt die Menschen an den Schreibtischen. Persönlich. Ein Arboretum in Crivitz? Ein Baumpark also? Und in dem sollen genau die Bäume wachsen, die am Eichholz geschlagen wurden? Nicht ganz, meint Seelig, denn das Arboretum soll eigentlich die ganze Welt einschließen. In gewisser Weise.

Das ginge ja wohl nicht, denn die ganze Welt sei natürlich nicht kompensations- oder anrechnungsfähig, erfährt er. Aber wenn wir noch ein paar Ausgleichsschulden im Kreis zusammenfassen und die nicht in Europa beheimateten Bäume aus der Rechnung nehmen, dann ja, dann könnte ein Arboretum entstehen, das seinesgleichen nicht finden wird, Herr Seelig. Die Idee überzeugte allmählich alle beteiligten Behörden, wie drei Aktenordner mit zahlreichen Briefwechseln verdeutlichen. Wie auf einer Weltkarte sollten die Gehölze ihrer Herkunft entsprechend gruppiert werden. Sie müssen inzwischen jedoch in Europa heimisch geworden sein, das ist eine Bedingung.

Südwestlich des Crivitzer Sees, direkt neben der Bahnstrecke, angrenzend an den Weiher, durfte auf der 7,6 Hektar großen Fläche nun ein Arboretum angelegt werden. Im November 2006 wurden die ersten Pflanzlöcher ausgehoben. Gernot Seelig hätte am liebsten jedem Bäumchen beigestanden, doch hatten Jörn Krasemann vom Büro Inros Lackner den Planungsauftrag und die Gärtnerei Rumpf die Pflanzaktionen übernommen.

Zwei Lehrpfade wurden angelegt. Entlang des einen können die Veränderungen von Baumbeständen von der letzten großen Eiszeit bis zur Neuzeit nachvollzogen werden, am anderen die Vielfalt der wieder eingeführten Baumarten in Europa. Der Urweltmammutbaum wird schon in wenigen Jahrzehnten als Exot auf der hügeligen Wiese herausragen. Die Blätter des Ginkgo-Baumes könnten zum begehrten highlight in Schülerherbarien werden. Sammeln, Pressen, Aufkleben, Beschriften. Fundort: Arboretum Crivitz! Bei den Crivitzer Schülern finden sich in den Mappen dann nicht nur Kastanie, Eiche und Birke, sondern auch Kirschpflaume, Holzapfel, Holzbir-

ne, Götterbaum sowie die japanische Lärche und die kaukasische Flügelnuss. Bei 100 Baum- und 30 Straucharten sind die Möglichkeiten mannigfaltig, und die kleinen Schildchen am Pflanzloch geben schon vor, wie das gepresste und aufgeklebte Baumblatt von den Kindern dann beschriftet werden muss. Leicht lässt sich hier Botanik lernen! Sogar Unterricht im Freien ist im Arboretum möglich, denn auf den knorrigen Bänken aus Eichen-Stammscheiben findet eine ganze Schulklasse Platz. Die beiden aufgeschütteten Findlingshaufen laden zum Klettern ein. Irgendwann fallen dann auch die 20 hoch aufragenden Holzstäbe auf mit dem Festkrall-Brett ganz oben, die so genannten Sitzkrücken für Greifvögel. Die braucht das Arboretum, solange die zarten Hauptäste der Bäume die schweren Vögel noch nicht tragen können.

Wie wird es hier sein in 20, 50 oder hundert Jahren? Wird die Eisenbahn, die direkt am Zaun vorbeirauscht in Richtung Schwerin noch zur Landschaft gehören? Welche neuen Wege werden sich im Gelände festgetreten haben? Werden die beiden Hügel mit den vielen besonderen Bäumen noch auffallen als durchdachtes Ganzes? Und last not least: Wird man den Weg zum Arboretum noch erklären müssen? ◼

Die Eisrandlage

... oder wie man in Raben Steinfeld die Welt verstehen lernt

Doch, als Kind wollte ich die Welt verstehen. Wie sie entstanden ist und warum wir Berge, Täler und Seen haben. Jetzt sollten wir es zu wissen kriegen. In der 5. Klasse schon. Und so saß ich über mein Geografie-Heft gebeugt und malte Steinchen in einen Eispanzer. Wenn der geschmolzen sein würde, müssten sie als Grundmoräne bleiben. Davor kringelte ich ein paar Klamotten für die werdende Endmoräne. Dann sollte ich noch eine Tabelle ausfüllen. Erste Zeile Oberflächenform, zweite Zeile besteht aus, dritte Zeile ist entstanden durch. Immer ein Wort. Mehr passte nicht hin. Das Urstromtal ist entstanden durch Schmelzwasser, der Sander im Prinzip auch, die Grundmoräne durch den Eispanzer und die Endmoräne ebenso. War es das? Die Lehrerin nickte. Wenn ich die Welt verstanden haben wollte, brauchte ich also nur diese Tabelle zu lernen. Und immer, wenn ich noch Jahre später von »eiszeitlich geformter« Natur hörte, kramte ich das Schema meiner Tabelle aus der Erinnerung. Es passte nie.

Warum sind wir damals nicht nach Raben Steinfeld gefahren? In dieses Dorf, das einen Teil seiner glazial geprägten Bedeutung schon im Namen trägt? Vielleicht hätte ich die Welt verstanden. Ein bisschen zumindest. Denn gerade Kinder staunen noch. Über den steilen Berg, den man zum Oberdorf hinauf laufen muss, zum Beispiel,

und darüber, dass das Unterdorf landschaftlich kaum dazu zu gehören scheint, so wie es sich neben dem platten Störtal an einen anderen Hang schmiegt. Ist es nur die stark befahrene Straße nach Parchim, die die Dorfteile trennt oder hat hier etwas, das viel mächtiger ist als jede Verkehrswegeplanung, Hand angelegt? Wer es weiß,

Dabei ist die Erdkruste, durch den Zeitraffer betrachtet, schon immer einer Art Hexenküche ausgeliefert gewesen, in der mit Heiß und Kalt, magnetischen Kräften und jedem Wetter gearbeitet wurde. Noch und noch.

fühlt sich einen Moment lang vom kleinen Finger der Erdgeschichte berührt. Bis hierher ragte einst eine Eiskante. Das nennt man Eisrandlage.

Eisrand, was das eigentlich hieß vor 20.000 Jahren, deutet Hans-Dieter Krienke mit sparsamen Bewegungen seiner Hände an. Am besten, man trifft ihn dort, wo ein anschaulicher Kulminationspunkt des Geschehens entstanden ist, auf einem Hügel im Oberdorf. Hier hat er selbst mitgewirkt bei der Einrichtung eines Findlingsgartens. Lächelnd gibt er zu, dass die glaziale Serie an sich schwer zu verstehen sei. Der Geologe, der es aber doch ganz genau weiß, kennt die Grenzen des menschlichen Vorstellungsvermögens und verschiebt sie behutsam. Genau hier sei in der Weichsel-Eiszeit der aus Skandinavien hierher geschobene riesige Eis-

schild zum Stehen gekommen. Mitten in Raben Steinfeld. Nordwestlich und südöstlich zieht sich der Eisrand jedoch weiter. Gestoppt hat ihn eigentlich nichts, aber im Zuge der Erderwärmung begann er zu tauen. Krienke zieht mit dem Zeigefinger auf einer Anschauungstafel Linien nach, Kräfte, die den 500 Meter hohen Gletscher nach Südwesten drängten, und hält die Wärme dagegen, die ihn dann doch schwächte und abschmelzen ließ. Was dieser Koloss auf seinem Weg an Gletscherschutt mitgeschleppt und vor sich aufgetürmt hatte, blieb hier nun liegen. Eine Endmoräne. Aus dem Inneren des auftauenden Gletschers traten allmählich Geschiebe hervor, die aus Skandinavien stammten, aus dem dortigen Urgebirge. Sie sind Hunderte von Millionen Jahre, wenn nicht gar zwei Milliarden Jahre alt. Ihr Dasein geht also noch viel weiter zurück, und unsere Weichsel-Eiszeit ist ein relativ junges Kapitel ihrer Geschichte, da die ja erst vor 20.000 Jahren... Hans-Dieter Krienke ordnet behutsam meine Vorstellungen von Erdgeschichte neu. Dass das Störtal neben dem Unterdorf die südliche Abflussrinne des Schmelzwassers ist, leuchtet ein. Ein Schmelzwasserdurchbruchstal. Nicht weit entfernt, östlich, gibt es ein zweites, die Bietnitz-Pforte. Ja, die entstand aber erst 2000 Jahre später, beim zweiten Eisvorstoß. Da zeigen sich zeitliche Dimensionen und das Überlappen verschiedener Prozesse. Wie eigenwillig und doch konsequent sind diese abgelaufen! Mit den vereinfachenden Modellen und Tabellen meines

Geografieunterrichts ließ sich nur ein kleiner Ausschnitt festhalten, karg und seltsam leblos. Dabei ist die Erdkruste, durch den Zeitraffer betrachtet, schon immer einer Art Hexenküche ausgeliefert gewesen, in der mit Heiß und Kalt, magnetischen Kräften und jedem Wetter gearbeitet wurde. Noch und noch.

Ob er unter den Findlingen einen Lieblingsstein habe? Eigentlich erwarte ich ein eindeutiges Nein bei Hans-Dieter Krienke, weil das Eine ohne das Andere wieder etwas ganz Anderes geworden wäre und man die Dinge als Geologe nicht voneinander losgelöst sehen kann. Falsch. Er steuert im Findlingsgarten das Dreieck der Sedimentite an und bleibt beim Digerberg-Konglomerat stehen. Ehrfürchtig fast. Mit Abstand. Schweden, Dalarne, 1,6 Milliarden Jahre, Buchholz, steht nüchtern auf dem Metallschild. Fast einen Meter Breite hat der Stein und an der Oberfläche ein Bild, das mich an eine fett-klumpige, grobe Leberwurst denken lässt mit unterschiedlich großen Fleischstücken, die sich jeweils als rundes Ganzes nebeneinander präsentieren, saftig irgendwie. Nach längerem Hinschauen verliert der Findling das steinhart Unumstößliche. Ist er doch selbst ein zusammengepresstes Netzwerk von Gesteinsarten, die wiederum aus dunklen Bruchstückchen und schimmernden Kristallen bestehen und sich mir präsentieren wie Gewürzkörner in der Wurst. Wenn die Steine sich zusammenfanden, müssen da doch Lücken geblieben sein, welcher Saft hat die denn geschlossen, so dass sich solch ein schweres Ganzes ergeben konnte? Hans-Dieter Krienke erklärt geduldig, wie sich das Sediment durch die zu-

nehmende Bedeckung in Jahrmillionen immer mehr verdichtete und entwässerte. Dabei sei die Kieselsäure der Quarzkörner in Lösung gegangen und hätte die einzelnen Bestandteile zu einem Festgestein verkittet.

Es klingt für mich wieder ein wenig nach Hexenküche, auch wenn ich mir seinen Extrem-Zeitraffer wegdenke und die Entfernung vom schwedischen Dalarne bis nach Buchholz berücksichtige. Dort, an der Autobahnbaustelle, hat der Geologe Dirk Pittermann dieses Stück gefunden, so von Lehm verkrustet, dass er erst auf den zweiten Blick sicher war, ein Ausnahme-Konglomerat vor sich zu haben. Hans-Dieter Krienke, der durchaus versteht, dass Gartenfreunde einen Findling als Blickfang lieben, ist im Stillen glücklich, dass Pittermann diese steinerne Schönheit im Findlingsgarten am besten aufgehoben wusste.

Krienke löst sich los und erklärt das Konzept der Anlage. Die 138 Findlinge, alle in der Region gesammelt, sind in vier große Gesteinsgruppen (Plutonite, Metamorphite, Sedimentite und Vulanite / Ganggesteine) geordnet und nach ästhetischen Prinzipien in einem Doppelkreis, einer ausladenden S-Kurve, einem Drei- und einem Viereck angeordnet. Alle Findlinge sind bezeichnet hinsichtlich Gesteinsart, Herkunft, Alter und Fundort. Kein Wunder, dass gerade der Autobahn- und der Wohnungsbau nach der Wende in dieser Gegend eine Fülle von Findlingen an die Oberfläche brachten. In den Ausmaßen der vergangenen zwei Jahrzehnte wurde hier noch nie zuvor die Erde bewegt. Alle im Findlingsgarten ausgestellten Stücke sind in der so genannten

Weichsel-Eiszeit, die Raben Steinfeld und die Le-
witz einst geformt hat, hierher gelangt.

Der studierte Geologe Hans-Dieter Krienke,
seit ein paar Jahren Rentner, war froh, sich in den
letzten Jahren ganz und gar der Einrichtung des
Findlingsgartens widmen zu können. Eröffnet
wurde dieser im April 2009 – ein Highlight des
Dorfes, von der Gemeinde finanziert. Von seinem
Fenster aus kann Krienke die Kuppen des äußer-

Meteoriten-Einschlägen der Zeitgeschichte. Ein
solcher muss von einer derartigen Wucht gewesen sein, dass er den Planeten kippte und im Winkel von 23,5 Grad rotierend zurückließ. Ein Zufall?
Vielleicht. Jedoch war er zwingend notwendig für
alle weiteren Prozesse, die die Erde in 4,6 Milliarden Jahren geformt und gestaltet haben.

Reinhard Braasch, der sich schon als Kind für
Fossilien und andere besondere Steine interes-
sierte, hat Jahrzehnte im Pinnower Kieswerk
gearbeitet - mit beiden Händen und mit ganzem
Herzen. Sein Job wurde für ihn nie zur Routine.
Jeden Tag nagte er mit

Diese Massen von winzigen fossilen Tierkörperge-
häusen jedoch, die sich jeweils auf wenigen Quadratzentimetern drängen, machen geradezu sprachlos.

sten Steinrunds sehen, den letzten Ausläufer
dieser geologischen Ausstellung, ganz oben im
Oberdorf von Raben Steinfeld.

Auch im Unterdorf gibt es ein Geologisches
Museum, das sich der letzten Eiszeit widmet wie
es kein Schullehrbuch vermag. Reinhard Braasch,
ein Hobbygeologe und nicht ganz zufällig ein
guter Freund von Hans-Dieter Krienke, erspürt
bei seinen Besuchern genau, wie weit deren Vor-
stellungsvermögen ihm folgen kann. Behutsam
führt er sie zurück durch die Epochen der Erdgeschichte und vermittelt das Wesen des Erdma-
gnetismus, weil alles, was als geologisches Wunder wahrgenommen wird, erklärbare Ursachen
hat. Im Souterrain seines Hauses, unter der Wen-
deltreppe, hängt ein Plakat, das sich in großen
Schritten der Entstehung der Erde annimmt - mit
ihrer Uratmosphäre und den fundamentalsten

dem Bagger ein wenig an der obersten Kante der
Erdkruste und beobachtete mit wachem Auge,
was der Kies an Sonderbarem freigab: Findlinge
in großer Zahl und manchmal fossile Versteine-
rungen. Was ihn aber in besonderer Weise bis
heute fasziniert, sind die bizarren Steine, die
mit kleinen Schneckenhäusern und Muschel-
bruchstücken übersät sind. Am Strand mal einen
Seeigel zu finden, ist sicher etwas Besonderes.
Diese Massen von winzigen fossilen Tierkörper-
gehäusen jedoch, die sich jeweils auf wenigen
Quadratzentimetern drängen, machen geradezu
sprachlos. Erstmals beschrieben wurde dieses
seltsame Gestein schon vor dreihundert Jahren.
Braasch machte sich kundig. Natürlich sind es
Meerestiere gewesen, deren Schalenreste und
Knochensegmente sich am Kalksandstein jetzt
so üppig präsentieren. Ein Meer in der Sternber-
ger Gegend? Im Zeitraffer zurückgeblickt hat

sich tatsächlich über ganz Mitteldeutschland ein Meer erstreckt, die so genannte Ur-Nordsee. Sturmfluten spülten die Schalenbänke an den Strand, wo sie sich ablagerten und Kalksandstein-Verbindungen eingingen. Einen knappen Meter unter der Erdoberfläche liegen heute oft die Fundschichten – östlich des Schweriner Sees, in einem Landstrich, der bis Sternberg reicht. Wer ein mit Muschelbruch übersätes Stückchen Sandstein in den Händen hält, fühlt sich unweigerlich an Streuselkuchen erinnert. Sternberger Kuchen. So wird diese fossile Besonderheit seit ihrer Ersterwähnung auch genannt. Reinhard Braasch, der Sammler mit Humor, zeigt im eigenen Museum seine Lieblingsstücke. Da sind zwischen ganzen Kuchenplatten, abgebissenen Randstücken, Gebäck »mit Mandeln und Nüssen« und reich belegten Stullen auch ein paar Burger dabei – scheinbar zusammengeklappte eisenoxidhaltige Sandsteinhälften, aus deren Schnittfläche der Muschelaufstrich nur so hervorquillt. Braasch hat inzwischen die größte Sammlung an Sternberger Gestein überhaupt. Mit Vergnügen zeigt er auf die sichtbaren Überreste von Tierzahn- und Knochenfragmenten und wartet frohlockend auf die Reaktionen seiner Museumsbesucher. Die sind tatsächlich vielfältig. Während sich Entdeckungsfreudige angestachelt fühlen, selbst den Kuchenbelag zu deuten, nehmen andere einfach nur auf der Museumscouch Platz und finden innere Einkehr. Das ist möglich - inmitten einer Ausstellung, die in der Eigenart stiller Zeitzeugen Fragmentarisches von Jahrmillionen widerspiegelt.

Wenn Reinhard Braasch die meditative Wirkung seiner Sammlung bei den Gästen spürt, zieht er sich gern zurück. Wand an Wand liegt seine Werkstatt. Der gelernte Schlosser belässt es nicht dabei, Fossilien und Steine einfach zu mögen und zeitlich einordnen zu können. Er schleift ihre Oberflächen, betont ihr jeweils Schönstes und fertigt Schmuckstücke aus Natursteinen. In farbigen Kästchen sind die Steine geordnet – nach ihrer Art und Größe und nach ihrem Bearbeitungsstand. Manche Besucher bitten ihn, ihrem Lieblingsstein eine Fassung zu geben oder einen Anhänger daraus herzustellen. Reinhard Braasch macht das gern, hat er doch in den vergangenen Jahrzehnten ein eigenes Design entwickelt. Nach der Wende sei es sogar einfacher geworden, weil es einen Markt für Schmuckzubehör gibt. Wenn er nur daran denkt, dass er früher manchmal Fahrradventile für die Einfassungen verwendete! Und auch die gab es nicht immer zu kaufen. Die Zeiten sind vorbei. Jetzt setzen sich schon seine kleinen Enkel die Staubschutzbrillen auf, wenn sie ihm über die Schulter schauen. Wo ist des Steins Schönstes? Wie können wir das betonen? Mit welchem Schleifaufsatz? Reinhard Braasch spürt, dass er ihnen die eigene Besessenheit vererbt hat. Und er ahnt, dass sie protestieren würden, wenn sie im Geographieunterricht die Eiszeit jemals in einer Tabelle unterbringen müssten. ■

Das grüne Licht

Sommer 1870. Die Bugspitze des Dampfschiffes zeigt in Richtung Inselmitte. Im Takt des Wellenganges schwankend nähert sie sich abwechselnd dem Ufersaum und einem Wolkengesicht über den Bäumen, das vom Wind allmählich in die Breite gezerrt wird. Wie gut, dass das junge Mädchen vorn seine Haube aufgesetzt hat. Die unter dem Kinn gebundene Schleife hält das steife Halbrund fest am Kopf, doch dem Fahrtwind weicht die Schöne nicht aus. Sie kneift die Augenlider etwas zusammen und will doch die erste sein, die die Männer sieht auf der Insel. Nichts regt sich dort. Oder doch? Das Zeltlager leuchtet weiß zwischen den Bäumen am Ufer. Dort sind die Kriegsgefangenen untergebracht. Aber sie dürfen doch frei herumlaufen, die Franzosen! Auf Kaninchenwerder zumindest. Das Mädchen dreht sich herum und misst den Abstand zum Schloss. Die Hälfte dürften der Dampfer geschafft haben. Kopfschüttelnd mustert sie die anderen Ausflügler. Da sind Damen an Bord mit Picknickkörben voller Semmeln und Leckereien. Und Hüte nach der neuesten Mode tragen sie, als wollten sie zeigen, dass sie so schick sind wie die Pariserinnen. Tja, bloß festhalten muss man die krempigen Dinger, wenn schon auf Schleifenband verzichtet wird! Das Mädchen streicht über seinen altmodisch anmutenden Schutenhut und lächelt spöttisch, als sich der seidene Blumenschmuck von der

Krempe ihrer Nachbarin zu lösen scheint. Wir sind an Bord, Madame, und Sie haben Glück, dass der Schornstein-Ruß nach hinten wegbläst und nicht noch schwarze Pünktchen auf Ihre Dekora-

Eine der Damen stößt einen spitzen Schrei aus, und das Mädchen tritt näher. Weinbergschnecken! Unfassbar. Die Franzosen essen die wirklich.

tion und Ihren Korb regnen lässt. Das Mädchen sucht ein paar Worte zusammen und denkt sie doch nur: Ce ne serait pas très chic, oder? Gern würde es von einem Franzosen hören, wie gut es seine Sprache spricht. Langsam wendet es sein Gesicht wieder der Insel zu. Gerade, als es schemenhaft die Gestalten zwischen den Bäumen ausmacht, vier, fünf Männer vielleicht, springt eine Schar der temperamentvolleren Damen hoch und winkt lachend. Die Bugspitze in ihrem ewigen Auf und Ab schlenkert ein wenig und eilt dann unbeirrt der kleinen Anlegestelle entgegen. Das Mädchen rafft seine Röcke zusammen und folgt den anderen über das Trittbrett, das als kleine Brücke zum Steg hinübergelegt wurde.

Kaninchenwerder. Eine Welt für sich. Schon immer.

In kleinen Gruppen stehen ein paar Dutzend Männer den Ausflüglern gegenüber, plaudernd, doch abwartend. Achthundert sollen es insgesamt sein. Schon auf den ersten Blick gibt das Mädchen den schwatzenden Weibern auf dem Dampfer Recht. Stattlich und nett anzuschauen sind sie, die Kriegsgefangenen. Wahrscheinlich

tut ihnen die Insel gut. Die Insel der Kaninchen und Soldaten! Die einst hier ausgesetzten Hasen mochten das Fleckchen zwar nicht, doch für viele Soldaten könnte Kaninchenwerder lebensrettend gewesen sein. Im Siebenjährigen Krieg zogen sie sich hierher zurück, um nicht von den preußischen Truppen zwangsrekrutiert zu werden. Damals war hier noch die Ziegelei in Betrieb, und es ist vorstellbar, dass die Jungs mitunter an den Brennöfen ausgeholfen haben.

Wiedersehensfreude. Zwei der Damen haben eine Picknickdecke ausgebreitet, auf der lachend drei Franzosen Platz nehmen, die Uniformwesten haben sie lässig aufgeknöpft. Knarrend werden die Korbklappen geöffnet und die in ein Tuch gewickelten Semmeln hervorgeholt. Délicieux! Lecker!

Ein Vierter bugsiert einen Teller zur Decke, auf dem ein Berg an kleinen, dunklen Delikatessen aufgehäuft ist, lecker angerichtet mit Speck und Petersilie. Er stellt ihn vorsichtig neben dem Korb ab und setzt sich dazu. Eine der Damen stößt einen spitzen Schrei aus, und das Mädchen tritt näher. Weinbergschnecken! Unfassbar. Die Franzosen essen die wirklich. Weil das Mädchen lange auf diesen Teller gestarrt hat, faltet einer der Männer einen Semmel-Fetzen, klemmt ein Schnecken-Etwas hinein und reicht ihm den Happen. Regardez les escargots de Bourgogne! Nein! Niemals! Schnecken. Wie schleimig! Als er ihr das delikat gespickte Brötchenstück geradewegs in die Hand drückt und die Damen sie aufmuntern, es einfach zu probieren, überwindet sie sich. Die Schnecke soll in der Semmel stecken bleiben und sich ja nicht auf ihre Zunge wagen! Doch die milde Würze dringt durch, und das Mädchen starrt nochmals auf diese Hand, die die Weinbergschnecken auf der Insel gesammelt, gebrüht, mit Salz entschleimt und mit gebratenem Speck angerichtet hat. Lecker! Staunen. Diese französischen Gäste, oder sagen wir doch Kriegsgefangenen, die gönnen sich sogar Delikatessen! Warum aber sollten sie die Viecher, die hier sowieso in Scharen über die Insel kriechen, nicht auch genießen? Andere Gefangene sind zur Arbeit verpflichtet. Fünf Stunden täglich bauen sie drüben, am Festland, eine Promenade, die vom Schloss bis nach Zippendorf führen wird. Falls dieser Weg jemals fertig werden und das Mädchen auf ihm flanieren sollte, wird es an Weinbergschnecken und weiße Semmeln denken.

Frühjahr 1975. Der »Franzosenweg« heißt schon lange nicht mehr so. »Am Schweriner See« steht auf den blauen Schildern. Der Weg führt bis nach Zippendorf, wo Christoph Gertschikow am frühen Morgen seinen Handwagen vom Strandhotel zur Bootsanlegestelle rumpeln lässt. Flaschen scheppern in den Holzkästen. Würstchen-Büchsen stecken zwischen den Flaschenhälsen. Einen Karton mit Waffel- und Kekspackungen hält der Bulgare obenauf mit einer Hand fest, damit die Ware nicht abrutscht. Ein kleines Stück muss er durch den Strandsand schieben, dann kann er den Kahn beladen, den die Grenzpolizei Küste ausrangiert hatte. Vorsichtig! Einmal, im Sturm, hatte Gertschikow die Ladung nicht aus-

reichend befestigt. Eine Palette mit Konservengläsern war über Bord gegangen, und er hat ein paar ewig lange Sekunden die Gläser immer tiefer sinken sehen. Dann fischte er ein abgelöstes Papieretikett aus dem Wasser und fluchte.

Jetzt wird es leichter werden mit der Gastronomie auf Kaninchenwerder. Die Starkstromfritzen sind dabei, endlich eine Leitung in den See einzuschwemmen. Zum 80. Geburtstag des Inselturms werden sie es nicht schaffen. Aber immerhin, von oben kann man dann sehen, wie weit die schwimmende Baustelle schon gekommen ist! Die soll Licht nach Kaninchenwerder bringen und nach Ziegelwerder auch. Gertschikow baut auf die Stromfritzen. Reinhard Mann, der Bauleiter, ist ja immer in der Nähe, der hat auch die Trafo-Station auf der Insel gemauert. Steine, Kies, Bauholz und den Betonmischer hat er auf seine Schute genommen und ist damit ab zur Insel gefahren. Nun fehlt nur noch das Kabel, dann kann Gertschikow sich einen Elektroherd einbauen lassen, für die Würstchen zum Heiß-Machen, und eine Kaffeemaschine anschließen. Ach was, richtig kochen wird er! Drei Gerichte und Salat. Ab zehn pendelt der Dampfer zwischen Zippendorf und der Insel, und Gertschikow weiß, dass die Leute eigentlich fast den ganzen Tag nur in seine Richtung fahren, die meisten wollen erst mit der letzten Überfahrt zurück. Und Hunger haben die alle! Der Gastwirt steuert auf die Insel zu und wirft einen Seitenblick auf die Schwimm-Plattform mit der riesigen Kabeltrommel. Da ist der Reinhard Mann auch wieder dabei, klar. Ja, treib sie an, Kumpel, und dann schaust du bei mir rein und kriegst deinen Kaffee. Wie immer.

Gertschikow legt an. Der Insel-Handwagen steht schon am Steg bereit.

Reinhard Mann, Bauleiter beim Zweckverband Erholungswesen, will drei Kreuze am Kalender machen, wenn der Gertschikow in seiner Inselkneipe endlich eine elektrische Lampe anknipsen kann, gut hundert Jahre nach der Eröffnung der ersten Gastwirtschaft. Als die Männer vom Starkstromanlagenbau Rostock die Trommel auf die Plattform gehoben hatten, war er noch euphorisch gewesen und hatte jeden eingeschwemmten Kabelmeter im Stillen gefeiert. Taucher montieren auf dem Seegrund eine massive Befestigung als Kabelschutz; das hält auf. Ja, aber es muss sein. Und trotzdem hat es diesen Motorboot-Unfall gegeben, bei dem eine Schiffsschraube kurzerhand das dicke, noch durchhängende Kabel geschlitzt hatte. Reinhard Mann rief seitdem manchmal die Götter des Starkstromwesens an. Lasst doch bitte ab jetzt alles gut gehen! Auch die Russen haben geholfen beim Grabenschaufeln - durch den Wald bei Zippendorf bis zum Waldbad. Eine ganze Kompanie grub ein Wochenende lang. Jeder Soldat hatte ein Werkzeug gehabt, entweder eine Säge, einen Spaten oder eine Kreuzhacke, und sie einigten sich und wischten die Schweißperlen immer wieder mit den speckigen Uniform-Ärmeln ab. Reinhard Mann war beeindruckt. Die einfachsten Mittel reichten. Drei Würstchen sollte jeder kriegen zur Stärkung, der Topf war heiß; Senf hatte er dabei und Brötchen. Doch so hungrig sie waren, alle lehnten das dritte Würstchen ab. Befehl war Befehl.

Reinhard Mann überlegt, ob die elektrische Leitung die Insel verändern wird. Sicher. Gertschikow wird einen Kühlschrank anschließen und Lampionketten über die Terrasse hängen, und Ilse Grosser auf Ziegelwerder kann sich eine Waschmaschine kaufen. Herzhüpfen nennt er das, wenn er sich so freut. Am liebsten würde er selbst auf der Insel wohnen, manchmal hat er dort schon übernachtet. Aber wie sollten die Kinder zur Schule kommen und wieder zurück? Nein, das sind keine ernsthaften Gedanken. Doch wenn er abends die Ruhe auf Kaninchenwerder genießt, die nur vom schrillen Fiepen der Blässhühner unterbrochen wird, und einzig das ferne Quietschen der Straßenbahn auf dem Großen Dreesch an die Zivilisation erinnert, dann möchte er bleiben. Nirgendwo anders hat er das grüne Licht so gesehen wie hier. Unter den dichten Kronen der Lindenbäume. Dort fühlt er sich geborgen wie in einem Dom.

Frühjahr 2010. Die Uhr tickt. Auch für Kaninchenwerder. Die Insel steht vor dem Zerfall ihrer touristischen Möglichkeiten und vor der Alternative des wilden Zuwucherns. Immerhin wäre sie dann wahrlich ein Brutparadies für Seeadler und andere seltene Vögel. Doch schade um den Aussichtsturm von 1895, um die Baumpflanzungen des großherzoglichen Hofgärtners Theodor Klett und um die Chance, weiter gehegt, gepflegt und geliebt zu werden.

Mit dem Abstand eines knappen Kilometers an der schmalsten Stelle schauen die Schweriner auf Kaninchenwerder und zweifeln. Investoren schrecken vor den Umweltschutzauflagen zurück, und eine Gruppe »benachteiligter« Jugendlicher soll die Insel retten können? Ein Projekt. Immerhin, doch für die Insel vielleicht nur eine Episode? Denn selbst, wenn das Gasthaus wiederaufgebaut sein würde, ist längst nicht für eine nachhaltig erfolgreiche Bewirtschaftung gesorgt. Seit der Wende kann sich kaum ein Gastwirt für Kaninchenwerder erwärmen.

Lassen wir die Insel also den Adlern?

Ohne Aufsehen zu erregen hatte ein Seeadlerpaar im Winterhalbjahr 1991/92 die Insel als Brutplatz auserkoren. Eine Sensation. Waren doch die Vögel wegen des sorglosen Umgangs mit dem Umweltgift DDT vom Aussterben bedroht gewesen! Die Brut und später der Jungvogel mussten unbedingt geschützt werden. Die Umgebung des Horstes wurde abgesperrt und die Öffentlichkeit aufgeklärt. Ein Jahr später montierten Experten eine Kamera in 20 Metern Entfernung, um das Treiben des Nachfolgerpärchens zu dokumentieren. Peter Hauff, Ornithologe und treibende Kraft in der Adler-Beobachtung, verfolgte jeden Flügelschlag und kommentierte in seinem Film das traurige Ende eines Adlerjungen. Auch Seeadler leben in einem sensiblen Gleichgewicht, das Konkurrenten, Unwetter und auch der Mensch schnell ins Wanken bringen können. In den letzten 15 Jahren haben sich die Seeadlervorkommen im ganzen Land spürbar vergrößert. Sollte die Uhr für den Tourismus auf der Insel abgelaufen sein, könnte hier wieder die Zeit der Seeadler, Weinbergschnecken und Rotmilane beginnen. ◼

Leben lieben

Der Mahner an der Rönkendorfer Mühle

Leben lieben. Das wäre das Motto. Gewesen! Die Aktion sollte nicht stattfinden. Punktum. Viel zu gefährlich, die ganzen Künstler – und dann noch in einer Kirche! Allein diese Losung war schon eine Provokation! Was konnte nicht alles passieren, wenn ausgerechnet die das Leben liebten, die der Politik der DDR nicht gerade eine Hilfe waren! Observieren würde nicht reichen. Unterwandert war die Aktion sowieso. Trotzdem: zu riskant! Also verbieten!

Die Handlanger des Sicherheitsorgans werden einander zugenickt haben im Mai 1984. Leben lieben, das durfte nicht sein in direkter Nachbarschaft der jüngst stationierten SS-20-Raketen.

Aber wenn der Schmiedel, wie erzählt wurde, die Aktion auf seinen Hof an der Rönkendorfer Mühle verlegen sollte, dann würde der schmale Grat zur staatsfeindlichen Zusammenrottung schon rechtzeitig erkannt werden! Leben lieben – wo gab's denn so was?

Wieland Schmiedel sortierte mit schweifenden Blicken seine beiden Atelierräume. Etwa ein Fünftel konnte er abgrenzen, auf dieser Fläche musste alles verstaut werden: Halbfertiges, Gestelle und Böcke, Torsi und die kleine Körperlandschaft, Malzeug, Hocker und Gipssäcke. Ein paar gespannte Laken sollten als Abtrennung dienen. Platz brauchte er jetzt, viel Platz. Nicht nur die eigene Kunst verlangte Raum, sondern auch die der Freunde, Kollegen und Gleichgesinnten. LEBEN LIEBEN. Das galt für alle. Auch für die, die lieber nichts riskierten.

Sie hätten ihre Bilder gehängt in der Frauenmarker Kirche und ihre Plastiken auf hölzernen Sockeln gedreht bis das rechte Licht sie eingefangen hätte. Wie oft hatten Schmiedel und immer wieder andere Künstlerfreunde geträumt und geplant. Vom 15. bis 20. Mai 1984 sollte die Frauenmarker Kirche den Bildhauern, Malern, Grafikern, Lyrikern und Musikern gehören. Welch ein Fest. Kurzfristig kam jedoch das staatliche Verbot und danach die Absage des Pastors. Wieland Schmiedel spürte Bitterkeit in sich aufsteigen, ein Gefühl, das er gewöhnlich nur verarbeiten konnte, wenn er am Stein schuf. Als die ersten Künstler eintrafen, fand er seine Gelassenheit wieder. Sie alle hätten gern philosophiert über das Verbot und dessen höheren Sinn, doch jetzt packten sie mit an. Alle Kunst ließ sich auch an der Rönkendorfer Mühle, in Schmiedels Ateliers und im Garten, präsentieren. Bald stand der weit überstreckte Hals eines kauernden Pferdes aus Kupferblech in Position, »Der Schrei« von Johann-Peter Hinz. Wolfgang Rossdeutscher schob seinen Puppenspieler, eine mit gekreuzten Händen agierende Sandsteinskulptur, hinzu. Ein Stück gesellte sich zum anderen, Sockel wurden gezimmert und Bilder so akkurat gehängt, als sollten sie hier auf Dauer ihren Platz finden. Kantor Manfred Helmuth hob die Hände, als das

Klavier in den Raum getragen wurde. Er drehte den dreibeinigen Hocker auf die richtige Höhe und fuhr schon über die Tasten, als die anderen noch die Ausstellung aufbauten. Orgelwerke hatte er versprochen. Etwas Monumentales. Wie das hier wohl klingen mochte? Anders. Auch Thomas Schmidts Klavier-Improvisationen hätten

> Welch ein Glück für jeden Künstler, allem Treiben und Getrieben-Werden Ausdruck geben zu können. LEBEN LIEBEN. Das Fest hatte schon begonnen.

wohl die Akustik des Kirchenraumes verdient, ebenso die Stücke des klassischen Gitarristen Wolfram Pilz. Villa-Lobos, Prelude Nummer 1, 3 und 4. Welch ein Glück für jeden Künstler, allem Treiben und Getrieben-Werden Ausdruck geben zu können. LEBEN LIEBEN. Das Fest hatte schon begonnen. Die Mai-Sonne setzte Lichtreflexe auf die Warnow, die im Bogen an Schmiedels Garten vorbei fließt. Hin und wieder ging der Hausherr an der Böschung entlang, um zu schauen, ob die Leute kommen würden. Die, die er in Frauenmark gewiss erreicht hätte. Einen PKW mit zwei Männern sah er auf dem Feldweg. Sollten sie sich doch langweilen.

Der Feldweg kreuzt eine Landstraße. Links geht es nach Crivitz, rechts, hinter der Warnow-Brücke, nach Brüel. Verwunschen ist die Gegend und im Herbst reich an Pilzen. Am Flussufer blühen Lilien und Orchideen, vor denen Libellen flirrend in der Luft stehen bleiben. Irgendwo hockt

der Eisvogel reglos auf einem Ast, bis ein Kanu ihn aufscheucht oder ein Motorengeräusch von der Straße. An die Pferdefuhrwerke, die vor zwei-, dreihundert Jahren zur Mühle polterten, mag er

> Irgendwo hockt der Eisvogel reglos auf einem Ast, bis ein Kanu ihn aufscheucht oder ein Motorengeräusch von der Straße. An die Pferdefuhrwerke, die vor zwei-, dreihundert Jahren zur Mühle polterten, mag er vielleicht gewöhnt gewesen sein.

vielleicht gewöhnt gewesen sein. Oder zog er sich lautlos zurück, weil es an der Ausspanne zu turbulent zuging? Direkt an des Müllers alter Brücke wurde 1837 eine Zollstation eingerichtet. Bevor der Paulsdamm aufgeschüttet wurde, führte hier ein wichtiger Handelsweg entlang.

Die Generationen der Mühlenpächter waren unterschiedlichen Temperaments, Müller Nägendank muss einer der Machtgierigsten gewesen sein. Er setzte im Jahre 1706 beim Herzog durch, dass alle Bauern der Gegend ihr Korn bei ihm mahlen mussten und machte es dem Gädebehner Müller damit umso schwerer. Im Herbst 1711 musste er sich jedoch einem »Fiskalischen Prozess wegen strafbarer Wegelagerung und gewalttätiger Angreifung auf ordentlicher Landstraße« stellen.

Die Mühlenpächter standen über zwei Jahrhunderte immer wieder vor den gleichen Problemen. Die Warnow, die die Mühle antrieb, wurde bei Hochwasser zum Fluch. Nach der Schnee-

schmelze drang das Wasser in die Gebäude und weichte den gestampften Boden auf. Ende Oktober 1894 brannte die zum Hof gehörende Scheune ab. Mühlenpächter Meyer war gerade Vater geworden und ließ sich von der Schwägerin in der Wirtschaft helfen. Sie hatte den Brand entdeckt. Zeugen mutmaßten über die Ursache des Feuers. Arbeitsmann Baumgarten aus Crivitz hatte in der Brandnacht stadtbekannte Vagabunden im Chausseegraben liegen sehen. Ob die in der Scheune einen Unterschlupf gesucht, sich im Heu verkrochen und dann ihr eigenes Licht angezündet hatten?

Bei der Anhörung beeilten sich die Anwesenden, allerhand bösen Schabernack aufzuzählen, den die Feuerteufel ohnehin auf dem Kerbholz gehabt haben sollen. Die Feuer-Versicherungs-Actien-Gesellschaft glaubte dem Pächter und zahlte 4317 Mark für den Brandschaden. 1908 ging die Rönkendorfer Mühle in den Besitz des Bauern Pressentin über, dessen Nachkommen auf dem Hof bis Ende der 1960er Jahre eine Landwirtschaft betrieben.

Vom Wasser aus sind noch Reste der Mühlen-Fundamente zu sehen. Die neue Scheune aus den 1930er Jahren entdeckte Wieland Schmiedel 1970 für sich und baute sie um. Endlich hatte er so viel Platz, dass er Wohnen und Arbeiten unter einem Dach vereinen konnte. Für den Bildhauer waren die großen Räume, die Abgeschiedenheit und der

Blick aus dem Fenster entscheidend. Die sanften Hügel auf den Feldern mochte er. An der Kuppe waren die Ackerfurchen, die den kleinen Baumgruppen von rechts und links sauber auswichen, einfach abgeschnitten. Viel kleiner tauchten die dünnen Streifen schräg dahinter wieder auf, aber das Braun war anders und auch das Licht. Diese Landschaft für sich einfangen, festhalten und begreifen, das trieb den Künstler immer wieder hinaus. Seine »Körperlandschaften«, ein sinnliches Pendant zu den mecklenburgischen Hügeln, meinen jedoch das Weib. Am Weg zum Hof stehen drei der Reliefs als Triptychon auf einem Sockel. Die Wölbungen und tiefen Schnitte setzen sich auf der jeweils anderen Platte fort. Am Sandstein wachsen Moosbüschel empor. Wieland Schmiedel beobachtet mit vergnügtem Staunen, wie die Natur seine Kunst verändert. Manchmal verstärkt die neue Farbnuance eine bloße Andeutung. Der Frauenakt im Hausgarten, fast versteckt im Fliederbusch, hat nach über dreißig Jahren die Farben der Baumrinde angenommen, aber nur dort, wo das Regenwasser sich fängt und abfließt, ist das Weib beinahe dunkelhäutig. So darf es bleiben und sich weiter den Büschen anpassen, lacht Schmiedel. Nur völlig überwuchern sollten die Figuren nicht, findet seine Frau Heide Kathrein. Der filigrane Koitus zweier eiserner Figuren, ein Geschenk des Freundes Peter Hinz, sollte aus dem Ranunkel-Strauch frei geschnitten werden. Ein winziger eckiger Kopf ragt aus den Blättern hervor, die Wollust ist verborgen.

Uneinnehmbar von allem Grün steht die Sandstein-Karyatide auf der Wiese, in ein Gewand mit schrägem Faltenwurf gehüllt, ein Sims-Fragment

auf dem Kopf haltend. In der Vielfalt der im Garten aufgestellten Skulpturen beansprucht sie den heimlichen Mittelpunkt für sich. Von allen Seiten wirkt sie abgewandt und doch immer auf magische Weise präsent. Eigentlich gehört sie

Die Trauer hat sie erdrückt und ihr das Selbst genommen. Oder hat sie, entflohen, sich gerade ihr Innerstes bewahrt? Dann wäre dies ihre dünne Haut, die wie ein halboffener Mantel hier geblieben ist.

der Stadt Schwerin, doch anscheinend hat sich dort noch kein Ort gefunden, der dieser kraftvollen Magie standhält.

Der Garten der Schmiedels spiegelt die Schaffensepochen des Bildhauers. Lange Zeit hat er sich künstlerisch mit dem Leid der Kriegsopfer und KZ-Häftlinge auseinandergesetzt. Die Wegplatten, die die knochigen Körper der Toten spüren lassen, Trauernde in verschiedenen Pieta-Varianten und die bisher 52 abstrakten Stelen, die an der Todesmarschstrecke als Mahnmale aufrütteln, sind öffentlich wahrgenommen worden. Im Garten und am Heckenweg sind Zweit-Abgüsse oder Entwürfe, mitunter aber auch nur deren Fragmente bewahrt. Am Koppelzaun zur Warnow-Seite hebt sich die Silhouette einer sitzenden Figur ab, die eigentlich nur noch Hülle ihrer selbst ist. Die Mutter. Blei auf Terrakotta. Die Trauer hat sie erdrückt und ihr das Selbst ge-

nommen. Oder hat sie, entflohen, sich gerade ihr Innerstes bewahrt? Dann wäre dies ihre dünne Haut, die wie ein halboffener Mantel hier geblieben ist. Auch im Kopf: Leere. Man kann hineinschauen. Wieland Schmiedel, der seinen Figuren immer wieder sehr nahe kommt, deutet auf die Öffnung im gesenkten Haupt der Mutter. Wer hat sich da eingenistet und es sich auf Gesichtsbreite bequem gemacht? Ein Rotschwänzchen. Das kleine, filzige Nest ist passend eingebettet, und der Bildhauer genießt schon die Vorfreude auf Vogelgesang in seiner Skulptur.

Sein Atelier umfasst zwei Räume, doch nur den einen kann Schmiedel gegenwärtig für seine Arbeit nutzen. In dem anderen hat er Gäste untergebracht. Ehrenhalber – damit sie nicht vereinzelt in ungeeigneten Abstellkammern ihren großen Tag erwarten müssen. Schemenhaft zeichnen sich hinter der milchigen Glasscheibe kräftige, dunkle Silhouetten ab. Der, dem hier ausnahmsweise Einlass gewährt wird, wird seinen Augen nicht trauen wollen: Alte Bekannte im Atelier! Apollon, Ceres, Faun und Faunin, Herkules, Venus, Diana sowie Frühling, Sommer und Herbst. Doch sehen sie anders aus als bei der letzten Begegnung am Schweriner Kreuzkanal, die Gewänder sind viel feiner gearbeitet, die Spitze am Mieder der Ceres ist von äußerst filigraner Struktur. Im Schweriner Schlossgarten stehen seit den 1960er Jahren recht grobe Kopien dieser Permoser-Figuren. Dies aber sind die Originale, die das Staatliche Museum aus Dresden, Leipzig, Berlin und Güstrow zusammen führen ließ. Im Jahre 1996 erhielt Wieland Schmiedel den Auftrag, sie zu säubern und zu restaurieren. Behutsam ging ihm seine Frau zur Hand.

Zwei Figuren schaffte das Ehepaar jeweils in einem Jahr. Seit 2002 ist die Gruppe fertig. Doch erst, wenn der Weinlaubsaal im Schweriner Schloss restauriert ist, werden die griechischen Gottheiten und Jahreszeiten das Domizil an der Warnow verlassen. Jeder Transport könnte ihnen schaden, und in den Schlossgarten, wo sie etwa 200 Jahre Wind und Wetter ausgesetzt waren, werden sie nie zurückkehren.

LEBEN LIEBEN. Die geplanten Mai-Aktionen waren der Staatssicherheit 1984 allzu bedrohlich und unberechenbar erschienen, deshalb wurden sie verboten. Schmiedel, der baumstarke Sensible, der damals ein wenig wie Tolstoi ausgesehen hat, war mutig, als er das Künstlertreffen auf seinen Hof verlegte. Ihn schmerzte jedoch, dass gerade der Frauenmarker Pastor klein beigeben musste und die Konzerte und Ausstellungen dann auch nicht mehr in der Dorfkirche dulden wollte. Das Kirchlein lag Schmiedel ja am Herzen! Es hätte doch der Künstler umso mehr bedurft, da gerade sie sich engagierten im erstarrten System. Aber die Kirche blieb verschlossen in jenen Maitagen.

Im Oktober 1990, ein ganzes Zeitalter später, fanden Kirchgemeinde und Künstler für eine zwei-

tägige Benefizveranstaltung wieder zueinander. Wenn das Kirchendach nicht bald neu gedeckt würde, konnte das alte Gemäuer mit dem kostbaren Wandbild Schaden nehmen. Musik und

Schmiedel, der baumstarke Sensible, der damals ein wenig wie Tolstoi ausgesehen hat, war mutig, als er das Künstlertreffen auf seinen Hof verlegte.

Puppenspiel, Ausstellungen und Gespräche lockten die Menschen in die Kirche, an deren gewölbtem Altarraum das von Heide Kathrein Schmiedel gestaltete Rundfenster alles Licht in neue Farben tauchte. LEBEN LIEBEN. So einfach ist das. ◼

Drei Mauern

Vera Doneck und ihr dichterGarten in Alt Meteln

»Kneif mich«, flüstert eine junge Frau. Als sei die Windmühle hinter dem Weizenfeld nur eine Erscheinung. Ihr Begleiter reagiert nicht, er schirmt mit einer Hand das Display seiner Kamera ab und tippt sich durch die Fotos. Ob er auch den Baum, eine Esche, mit drauf habe und diese Bank? Die Frau setzt sich und greift nach dem bereitgestellten Weinglas. Klick. Und noch mal. Stift und Block liegen auf der Bank. »Kannst ja was schreiben«, sagt er. Sie dreht den Kugelschreiber zwischen den Fingern, als würden die Worte gleich kommen. Die Mühle, die nur noch ein Flügelpaar in den Wind hält, passt so unerhört in die Landschaft! Ihr Begleiter wechselt das Objektiv und sucht sich eine Ähre aus, der Autofokus surrt ein paar Mal: Mühle scharf oder Korn scharf? Beides! Festhalten. Dann dreht er sich zur Bank. Wein möchte er nicht am Vormittag. Einfach hier sitzen ist schon genug.

»Wahnsinn«, ruft eine Frau hinter dem Jasmin. Einen Atemzug später steht sie neben der Bank. Das Paar rückt ein wenig zur Seite und lässt die Ältere Platz nehmen. Auf dem Trampelpfad folgt die Familie.

»Kunst offen« mögen viele, und Vera Doneck mit ihrem dichterGarten fällt auf im Programm. Während Maler und Bildhauer ihre Ateliers öffnen und sich hinter dem Feld, bei Detlef Kemp-

gens, die Gäste in der Mühle drängen, hat Vera Doneck einfach in ihren Garten eingeladen. Das ganze Anwesen mit den blühenden Obstbäumen, den hohen Pappeln, den überwucherten Mauervorsprüngen und dichten Hecken verführt geradezu zum Innehalten, sich Hinsetzen und Durchatmen. Und zum Lesen. Vor dem Haus

> Das ganze Anwesen mit den blühenden Obstbäumen, den hohen Pappeln, den überwucherten Mauervorsprüngen und dichten Hecken verführt geradezu zum Innehalten, sich Hinsetzen und Durchatmen. Und zum Lesen.

wartet eine Bank mit Tischchen auf Besucher. Die Tulpen haben es mit weit geöffneten Kelchen gerade bis zu diesem Tag geschafft. In Rot, Orange und Gelb schwanken sie ein wenig vor der satten Backsteinwand. Überall dort, wo Gäste sich niederlassen können, hat Vera Doneck Gedichte und kurze Texte unter faustgroße Feldsteine gelegt. Manche der Blätter liegen schon einige Wochen. Das derbe Packpapier hält jeden Regen aus und verleiht den vom Wetter gegerbten Zeilen etwas Unverwüstliches. An jeder Sitzecke, in versteckten Nischen, auf der Bank am Holzplatz und in der Hängematte im Apfelgarten, auf einem Baumstumpf hinter den Kräuterbeeten und am Tisch im Vorgarten – überall sind kleine Leseplätze eingerichtet. In Reichweite steht frischer Kräutertee in bauchigen Kannen, Wasser auch und manchmal Wein.

Seit wenigen Jahren erst ist Vera Doneck hier zu Hause, in jener Gegend, der seit dem »Sommerstück« von Christa Wolf etwas Legendäres anhaftet. Die Baumgruppen und die Ackerfurchen in hügeliger Landschaft, die aneinander geschmiegten Dächer hinter dem Feld, auch der tief hängende Himmel und das besondere Licht – all dies ist längst beschrieben worden, immer wieder und fast von jedem der hier ansässigen Schriftsteller.

Es gefiel mir, hier einfach Jahr für Jahr aus dem Fenster zu gucken, meint der Schriftsteller Claus B. Schröder, der diesen Hof über den Maler Detlef Kempgens kennen lernte. Er war im Juli 1969 bei ihm zu Besuch gewesen. Der Metelmannsche Hof am Sandweg lag im Blickfeld der Mühle, ein wenig verkommen, verträumt und entrückt, und verkörperte das, was Schröder sich als Rückzugsort zum Schreiben vorstellen konnte. 15 Jahre zuvor war der letzte Nachkomme des Bauherrn Metelmann in den Westen gegangen. Der Hof war nun über achtzig Jahre alt. Die LPG bestellte zwar die Felder, hatte aber Wohn- und Wirtschaftsgebäude dem Zahn der Zeit überlassen. Wenn die Räume nicht gerade vermietet waren, wurden solche Häuser sogar ausgeweidet: Öfen, Dielen, Türen und Dachsteine wurden gebraucht, denn Baumaterial war kaum zu bekommen. Eine alte Gärtnerin, die die Zimmerchen am Sandweg bewohnte, passte hier jedoch auf und hielt dadurch das Backsteinhaus, das eher kleinstädtisch anmutete, zusammen. Doch die Außentoilette, die fehlende

Kanalisation und die Abgeschiedenheit machten ihr zu schaffen. Schröder entschied sich nach Jahresfrist für das Haus, packte an und schuf sanitäre und bauliche Veränderungen - wenn auch nur praktische, dauerhafte Notlösungen. Oft peitschte der Sturm an der Künstler-Mühle vorbei, drängte durch den wilden Garten und pfiff durch die Fenster. Der Schriftsteller stiefelte an den Gemüsebeeten entlang bis zum Feldrand. Er würde hier eine Baumreihe pflanzen. Pappeln wuchsen schnell. Das Laub sollte ihn nicht stören, wenn die Bäume ihm ein wenig den Wind nahmen. Eigentlich liebte er mehr den Blick in Garten und Landschaft als das tätige Wirken an Beet und Hecke, aber er fand dann doch Gefallen am Anpflanzen und Experimentieren. Als er wieder einmal im Schriftstellerheim in Petzow weilte, brachte er sich Ableger von falschen Akazien und winzige Büschel Gedenkemein mit. Das leuchtende Blau reizte ihn. Tausendfach sollte es in kleinen Blüten am Sandweg heimisch werden, zumal die Mutterpflanze Jahrzehnte zuvor Marika Rökk eingesetzt haben könnte. Ihr soll das Petzower Anwesen in den 1930er Jahren gehört haben. Die Provenienz des Blümchens amüsiert Schröder, der nach der Wende in die Stadt zog und wiederum ein wenig vom Gedenkemein mitgenommen hat. Einsam war er am Sandweg sicher nicht; die Umgebung von Alt Meteln muss etwas Magisches gehabt

haben. Christa Wolf, Joachim Seyppel, Werner Lindemann, Helga Schubert, zwischenzeitlich Sarah Kirsch, später auch Daniela Dahn und Joochen Laabs, zogen in den näheren Umkreis. Auf den alten Gehöften mochte das Schreiben anders

Christa Wolf notiert in ihrem Tagebuch eine Begegnung. Am 27. September 1982 habe sie sich mit dem Fahrrad durch den Sandweg gequält. Schröder, der vor seinem Haus stand, hätte ihr dann erzählt, dass der Weg aus militärstrategischen Gründen wohl nie asphaltiert werde.

gelingen als in der Großstadt und das Leben sich anders anfühlen. Sie alle genossen diese Form der Distanz und des privaten Rückzugs; es gab kaum Alternativen in der DDR. Claus B. Schröder saß mit am Tisch der anderen. Manchmal.

Christa Wolf notiert in ihrem Tagebuch eine Begegnung. Am 27. September 1982 habe sie sich mit dem Fahrrad durch den Sandweg gequält. Schröder, der vor seinem Haus stand, hätte ihr dann erzählt, dass der Weg aus militärstrategischen Gründen wohl nie asphaltiert werde. Hat sie noch mal nachgefragt? Das lässt sie offen. Vielleicht waren ihr die Gründe allzu bekannt: Panzer ruinieren den Straßenbelag. Der Sandweg, parallel zur Fernverkehrsstraße nach Wismar, hätte sich im Kriegsfall als Strecke für Kettenfahrzeuge bestens geeignet. Gemusterte Feldkanten und zerfetzte Rasenbuckelchen wären geblieben und

wahrscheinlich das an- und abschwellende Brüllen der Motoren, das niemand hätte vergessen können. Doch dem Sandweg blieb der Frieden.

Ende der 1980er Jahre zog es Claus B. Schröder wieder in die Stadt, aber erst 1997 verkaufte er Haus und Hof an Uwe Sinnecker. Der Grafiker mit dem fröhlichen Gemüt und spirituellen Ambiti-

Der einsamen Esche auf dem Feld vor der Mühle konnte er sich kaum entziehen. Willig gab er sich dem Kraftfeld hin und meinte, dadurch Splitter von Ereignissen wahrzunehmen, die sich irgendwann auf dem hügeligen Feld zwischen Sandweg und Mühle zugetragen haben könnten.

onen spürte ungeheure Kräfte, die von diesem Ort ausgingen. Der einsamen Esche auf dem Feld vor der Mühle konnte er sich kaum entziehen. Willig gab er sich dem Kraftfeld hin und meinte, dadurch Splitter von Ereignissen wahrzunehmen, die sich irgendwann auf dem hügeligen Feld zwischen Sandweg und Mühle zugetragen haben könnten. Sinnecker, der Landschaft als beseelt empfindet, hatte keine Mühe, punktgenau die Wasseradern des Grundstücks in dreizehn Metern Tiefe aufzuspüren und die Energiefelder des Hauses zu bestimmen. Stück für Stück baute er die Provisorien zurück und drang bald zum maroden Kern des über hundert Jahre alten Hauses vor. Nach Jahren auf der Baustelle spürte der

Künstler jedoch, wie ihn der Optimismus verließ und die Kraftfelder, die er so gern zu seinen eigenen werden ließ, plötzlich nicht mehr ausreichten. Hat er sich den alten Hof gekauft, um ihn nur aus der Perspektive des Heimwerkers wahrzunehmen? Blieb überhaupt noch Zeit für das Erleben der Landschaft, das Gespräch mit dem Maler in der Mühle und für die Suche nach Gleichgesinnten? Was ihm lieb und wichtig war, vernachlässigte er, solange er all seine Reserven in den Umbau investieren musste. Dabei hat das innere Gleichgewicht für Sinnecker Priorität. Einst hatte der Künstler an eine Plattenbaufassade in Schwerin einen Seiltänzer gemalt, der auf einer Kugel balanciert und auch auf dem Kopf eine Kugel jongliert – sein Bild von Ausgeglichenheit und Konzentration. Innerlich nahm er schon Abschied von der einsamen Esche. Er musste nur einen Käufer für den Hof finden.

Bizarr waren die Formen hier geworden, eine einzelne Außenwand mit vollständigem Giebel schließt sich an die Hofmauer an, die bis zum Wohnhaus reicht. Sinnecker hat hier Efeu gepflanzt, der mit langen Armen längst schon den Giebel umschlungen hat. Die rätselhafte Wand scheint vom alten Schornstein gehalten, den rechts und links zwei offene Fensterviereck flankieren. Ein Waschhaus mag hier einmal gestanden haben, doch das fiel schon in den 1960er Jahren zusammen. Die Wand mit dem Giebeldreieck war geblieben, vielleicht weil sie die Hofmauer fortsetzte und vor dem Wind schützte. Die alten Ställe hatten an der Nordseite gestanden, wo jetzt der Holzplatz eingerichtet ist. Dahinter sind die Schröderschen Bäume so hoch gewachsen, dass die Kronen wie hohe Deckengewölbe einer grünen Kathedrale wirken. Ähnlich den Kirchenfenstern rahmen die Stämme den Blick auf Feld und Mühle.

Was zählt
Drei Mauern
sind meine
vier Wände.

Vera Doneck hat diese Zeilen mitten im Hof platziert und mit einem Stein vom Feld beschwert. Der Jasmin ist so üppig geworden, dass sie ein tiefes Viereck für die Holzbank hinein schneiden konnte. Nur die Jeansbeine unter den schwingenden Zweigen verraten, dieser Leseplatz ist besetzt.

Vor der mit dichtem Efeu verhangenen Giebelwand und der Hofmauer stehen eine hölzerne Badewanne, eine Waschschüssel aus Zink und Gießkannen von gleicher Art. Abends lässt sich die alte Seemannsfunzel anzünden, wenn sich sommers nun mal alles draußen abspielt. Der Sandweg 1 ist wieder bewohnt und zu einer idyllischen Oase geworden.
Vera Doneck wusste aus ihrem Architekturstudium, wie sie mit der alten Bausubstanz umgehen sollte und wie aus Zimmerchen erlebbare Räume entstehen.

Nicht nur der neue Lehmofen wärmt das Haus nun durch, die ganze Atmosphäre – authentisch-ländlich und doch praktisch-solide – strahlt Geborgenheit aus. Dass das Grundstück der Künstlerin, die sich eigentlich Zeit nehmen will für längere Prosa, viel zu groß ist, spürt sie, wenn sie Laub harken muss oder Obst ernten. Von allem ist immer zu viel auf einmal da. Doch nicht jede Wiese muss wöchentlich gemäht werden, und ein wenig Wildnis darf sein. Die Stauden sind zu Hecken geworden, in die sich Pfade schneiden lassen. Im Kräutergarten probiert Vera Doneck aus, was wo am besten gedeiht. Die kurvigen Wege zwischen Apfelplatz, Garten und Mühlen-blick-Bank sind eher zufällig, beinahe planlos, entstanden und verraten ihren Hang, nichts begradigen zu wollen. Sie lässt sich lieber leiten und geht gern einen Bogen, als dass sie der Form halber stutzt.

Auch als sie eigene Gedichte in limitierter Auflage illustrierte, entstanden oft Spiralen, die sich berühren und einander fortsetzen.

In Wismar gehört Vera Doneck zum Team einer Lesebühne, die einmal monatlich einlädt und ihr ein Feed-Back verschafft. Doch sie liebt auch die heimischen Lesungen, entweder am offenen Herd- oder am Lagerfeuer. Draußen sitzt das Publikum dann in Decken gehüllt, wärmt sich die Hände an einer Tasse Kräutertee und rückt zu später Stunde immer dichter an das Feuer heran. Wenn trockene Äste nachgelegt werden, sprühen die Funken. Im schwachen Lichtschein heben sich in der Ferne Umrisse ab – von der mächtigen Esche mit ausladender Krone und der Mühle mit ihrem letzten Flügelpaar. ◼

Gegenwind

Die letzte Reeperbahn in Wismar

Es war am 28. April 1853, einem Donnerstag. Johann Holtz eilte zwischen den Reiferbuden hindurch zur Pforte. Heute wartete er nicht auf die anderen, damit sie gemeinsam nach Hause gingen. Falls der Jung Recht hatte, musste sofort etwas geschehen. Eine Aussprache mit den Schiffbauern vielleicht oder sogar ein Beschwerdebrief an den Ehrwürdigen Rat der Stadt Wismar. Wie er das Formulieren amtlicher Schreiben hasste! Die hölzerne Pforte klappte zu, und Johann Holtz hörte hinter sich empörtes Männerfluchen. Manchmal war er selbst nach dem Reepschlagen so müde, dass er den anderen nur hinterher trottete und vielleicht sogar gegen die sich gerade

schließende Pforte stolpern würde. Zum Feierabend waren die Arme immer bleischwer und die Finger unbeweglich, so dass allein das Zuknöpfen der Jacke schon Geschicklichkeit erforderte. Johann Holtz wandte sich im Laufen kurz nach den Reifern um, die nun nacheinander den Ausgang passierten, und verschwand im Schatten der Stadtmauer. Heute spürte er keine Müdigkeit. Der Zorn würgte ihn und trieb ihn gleichzeitig an. Dass ausgerechnet der Jung davon gehört hatte! Der lungerte überall herum, anstatt den Reifern richtig zur Hand zu gehen. Gehörte der nicht eigentlich noch unter des Lehrers Knute? Egal, es war nicht sein Sprössling. Jeder Bursche, der Holtz hieß, war so lange er denken konnte, Reepschlä-

ger geworden. Johann Holtz selbst zählte inzwischen zu den ältesten und erfahrensten von Wismar. Reiferältester zu sein, das war wie ein Amt. Johann Holtz trug Verantwortung und führte die nötigen Verhandlungen. Den Reifermeister Zeller holte er sich gern dazu, der war fast so lange auf der Bahn wie er selbst.

Hinter sich ließ er die Stadt, das ummauerte Stückchen Vertrautheit, das ihn, seinen Kummer und all sein Glück beisammen hielt. Vor sich sah er die andere Welt, von der doch alles für den Reifer abhing.

Als Johann Holtz den Weg in Richtung Hafen nahm, schlug ihm der Wind entgegen. An der letzten Biegung durchschritt er immer eine Wetter- und Stimmungsgrenze. Manchmal war es auch nur das Herzklopfen, das die bunte, nach Fisch und Planken riechende Hafenwelt in ihm auslöste. Hinter sich ließ er die Stadt, das ummauerte Stückchen Vertrautheit, das ihn, seinen Kummer und all sein Glück beisammen hielt. Vor sich sah er die andere Welt, von der doch alles für den Reifer abhing. Die aufgetakelten, schwankenden Schiffe, auf denen betriebsame Schiffsjungen Fässer vertäuten oder heimgekehrte Fischer ihre schuppig glänzenden Netze zusammenlegten, waren das tägliche Brot der Reepschläger. Netze flicken konnte in Wismar fast jeder, meinten sie, aber Taue winden und teeren, so dass sie Wind, Wetter und der See standhielten, dessen waren hier nur die Reeper fähig. Holtz musste nicht lan-

ge suchen, das Dampfschiff »Obotrit« war am Kai festgemacht. Vor drei Monaten erst hatte die Großherzogliche Verwaltung die »Obotrit« übernommen. Als Postdampfschiff! Nun sollte es flott gemacht werden. Holtz erschrak: Der Jung hatte Recht! Die ganze Takelage war abgenommen und neues, fertiges Tauwerk lag schon sorgfältig abgedeckt bereit. Das war aber nicht auf der Wismarer Bahn geschlagen worden! Von solch einem umfänglichen Auftrag hätte gerade Holtz sehr wohl Kenntnis gehabt! Er und Zeller wären ja diejenigen gewesen, die die Bahn hätten einrichten müssen. Für einen neuen Auftrag gab er den Pferden, wenn sie in das Reifergeschirr gebunden waren, immer einen Freudenklaps mit auf die Bahn. Auf dass es gut werde! Seine Handwerkerehre sollte sich immer übertragen, auf jüngere Reifer sowieso, aber auch auf die Tiere.

Der Jung sagte, die Eigner hätten das gesamte Tauwerk aus Hamburg kommen lassen.

Am nächsten Morgen wechselten die Reifer Holtz und Zeller Blicke. Seit Generationen war es den hiesigen Schiffseignern verboten, fremdes Tauwerk einzuführen. Für Schiffsneubauten und Reparaturen sollten ausschließlich Reiferwaren der Wismarer Bahn verwendet werden. Das war Gesetz und wurde bei Nichtbeachtung mit Strafen belegt. So wussten es zumindest die Reifer. Wie sollten sie nun aber gegen den Eigner des Dampfschiffes vorgehen, wenn der selbst regierungsnah war? Gegen die Großherzogliche Postgesellschaft! Mit Protest, meinte Zeller verschwörerisch. Holtz spürte seine Wut-Ader am Hals pulsieren und teilte sich stoßweise die Luft zum Atmen ein. Doch seine Hände fingerten in aller Ruhe drei einzelne Garne auf die drehbaren Haken, während Zeller sie durch die Rillen des Reiferhammers führte und an der Gegenseite im drehbar gelagerten Geschirr einhakte.

Was, wenn ein Protestbrief wirkungslos sein sollte? Dichtmachen könnten sie die Reiferbahn in wenigen Jahren! Dabei war das Wismarer Tauwerk hochseefest und zuverlässig, Reparaturaufträge wurden seltener. Wovon sollten sie leben? Mochten sie wohl zuallerletzt ein Seil drehen, an dem sie sich aufhängen konnten? Nein, Zeller, such du nach Worten!

Je weiter der Reiferhammer über die Bahn geschoben wurde, umso länger wuchs das Kardeel, ein fünf Daumen dickes Seil, das nun wiederum mit seinesgleichen verdreht werden musste. Baumstarke Trossen konnten so in mehrfachen Arbeitsgängen entstehen, deren letzte mit Pferdestärken und Auftriebwagen die Männerarme schonten.

Zeller knüpfte nebenher Gedanken zusammen, die sie in ihrem Schreiben festhalten mussten: Dass der Hochedle Rat die Reifer schützen und vertreten sollte, da sie doch in den vergangenen Jahren allzu hohe Verluste hatten hinnehmen müssen. Und dass es beim Ruf der Wismarer Reiferware kaum Veranlassung für die Verwaltung des Dampfschiffes hätte gegeben haben können, das Tauwerk auswärts zu bezie-

hen. Ja, Holtz, dass das strafbar war, bräuchten sie ja wohl nicht noch erwähnen, oder? Eher, dass die Schiffer und ihre Familien winters selbst die Taue reparierten. So könnte man ihr Wirken an dem Flickkram zwar gar nicht nennen, aber im Brief sollten sie wohl »reparieren« schreiben. Johann Holtz nickte. So würden sie es formulieren. Wismar, den 30. April 1853. Ein Sonnabend.

Schnurgerade zieht sich die Dahlmannstraße von der Grundschule zum Gymnasium. Schnur-gerade.

Der erste Nachweis für das Reepschlägerhandwerk in Wismar stammt aus dem Jahre 1335; ein Reifer wollte eine Bude mieten. Wo er sein Tauwerk schlug, ist nicht belegt. Wie überall in den Hafenstädten wurde auch die Wismarer Reiferbahn außerhalb der Stadtmauer betrieben. Nur hier ließ sich die volle Länge des Unternehmens, 250 bis 300 Meter, schnurgerade ausbauen. Wollte ein Reifer ein Stück Tau von 100 Metern Länge winden, dann brauchte er dafür etwa den doppelten Weg.

Im 19. Jahrhundert standen am Ende der Bahnen, von denen mindestens eine pferdetauglich war, sechs einfache Holzbuden mit Spitzdach. Die sind gut erkennbar auf dem womöglich einzigen Foto von der Wismarer Reiferbahn. Es wurde 1898, im letzten Jahr ihres Bestehens, aufgenommen. Alle Reifer, ob auf der Bahn, hinter dem Gespann oder an einen Auftriebwagen gelehnt, wenden sich dem Betrachter zu, bemüht, sich während der Belichtungszeit nicht zu bewegen. So sind die Gesichter deutlich wiedergegeben

und einer, der die Männer noch gekannt haben muss, hat auf der Rückseite des Fotos Namen vermerkt: Reifermeister Johannes Eggers, Reifer Wegner, Reifergeselle Lehmkuhl und Reifermeister Schlüter. Der Erste von links soll Reifermeister Holst gewesen sein. Oder vielleicht doch Holtz mit »tz«, da es doch Akten aus gleichem Jahr gibt, nach denen Holtz und Eggers ihre Rechte an den Reiferbahnen an die Stadtkämmerei übertrugen? Damit sie nicht auch noch den Abriss der Buden bezahlen mussten! Die Reiferbahn wurde aufgelöst. Mit dem neuen Jahrhundert sollte sich das neue stahlgewirkte Tauwerk im Schiffbau durchsetzen. Da konnten die konventionell arbeitenden Reepschläger nicht mehr mithalten. Eine derartige Entwicklung hatten die Alten, Holtz und Zeller, nicht erahnen können. Sie wollten in ihrem Schreiben nur der Konkurrenz trotzen und ihr Recht einfordern. Leider ist keine amtliche Antwort erhalten geblieben.

Schnurgerade zieht sich die Dahlmannstraße von der Grundschule zum Gymnasium.

Schnur-gerade. Merkwürdig, dass sich diese Straße, zweispurig, fast bescheiden ausnimmt neben dem lang gestreckten Rasenfeld, das beidseitig von jungen Linden gesäumt wird. Dahinter erst liegen Fußweg, Hecken und die Vorgärten der Villen. Am südlichen Ende des Rasenfeldes, im Schatten des Schulgebäudes, blickt ein ernstes bärtiges Gesicht über die volle Länge der einstigen Reiferbahn. Von hier aus wären das Ziehen und Schlagen, das Drehen und Win-

den, ja selbst das Einschirren der Pferde und das Drängeln am Feierabendtor wohl bestens zu überblicken gewesen. Doch die Büste auf dem hohen kalkfarbenen Sockel stellt weder einen Schiffseigner noch einen Reiferbahnbesitzer dar. Hier sollte Fritz Reuter geehrt werden! Nicht, weil er in Wismar irgendwann tätig gewesen wäre,

hütete auf eigenem Grundstück eine überaus wichtige Pappel. Der Baum diente Jahrzehnte lang als Merkzeichen für die in die Wismarer Bucht einfahrenden Schiffe. Hier gab es 1873 einen Schankwirt namens Holtz - dessen Karriere der alte Reifer Holtz zwanzig Jahre zuvor wohl noch nicht absehen konnte – der hatte sich gegen Zahlung von 30 Talern Courant gegenüber dem Hafendepartement zur Pflege der Pappel verpflichtet. Sollte der Baum erkranken, kippen oder beschädigt werden, hätte an gleicher Stelle eine neue Pappel gepflanzt

Als Wismar sich längst der Stadttore entledigt hatte und über seine Mauern hinaus gewachsen war, wünschten wohl auch die neuen Wohngegenden Inschriften und Ecken zur Identifikation. Reuter eben.

sondern weil sich hier nun mal die kleine Fritz-Reuter-Meile der Stadt befindet. Da gibt es ja auch die Reuter-Schule und den Reuter-Stein mit der Inschrift »Reuter-Eck«, den der Plattdeutsche Verein 1913, wen wundert's, am Reuterplatz geweiht hat. Zu Beginn des 20. Jahrhunderts, als Wismar sich längst der Stadttore entledigt hatte und über seine Mauern hinaus gewachsen war, wünschten wohl auch die neuen Wohngegenden Inschriften und Ecken zur Identifikation. Reuter eben. Die Büste vor der Schule wurde jedoch erst 1988 vom Lindenplatz hierher umgesetzt. Hier fügte sie sich ein.

Wer hätte sonst gerade hier auf einen Sockel gehoben werden können? Ein Gastwirt vielleicht von »Ottilies Gartenhaus«, der späteren Wallhalle, wo es schon zu Beginn des 19. Jahrhunderts Tanzgesellschaften gab? Das Lokal lag direkt an der Reiferbahn, grenzte an die Wallgärten und

werden müssen. Als der Riese 1902, altersschwach, gefällt werden musste, war eine Neupflanzung zum Zwecke der Orientierung jedoch nicht mehr nötig.

Heute steht einer der höchsten Bäume der Straße im Garten der Familie Wilcken. Eine Linde. Seit das Dach der wieder aufgebauten Georgenkirche geschlossen ist, sind die Turmfalken vom Kirchengebälk zur Linde der Wilckens gezogen. Rosemarie Wilcken, seit Jahren stolz auf jeden Baufortschritt an St. Georgen, nimmt es gelassen. Nur die toten Mäuse, die die Jungvögel bei der Fütterung gelegentlich auf ihren Hof fallen lassen, stören die ehemalige Bürgermeisterin. Dass sie nun gerade an der alten Reiferbahn wohnt, verdankt sie dem Zufall, dass die Vorfahren ihres Mannes vor etwa hundert Jahren hier ein Gartenhaus erworben hatten. Es stammte aus jener Zeit, in der die Wallstraße als eine geschlossene

Häuserzeile gebaut wurde, die die Stadtmauer ersetzte. Die Chaussee an der Reiferbahn war schon Ende der 1840er Jahre befestigt worden, doch erst 1881 wurde sie nach Friedrich Christoph Dahlmann benannt. Das Gartenhaus, gebaut in der Art eines großzügigen Pavillons mit hohen Rundbogenfenstern, hatte nichts von einer Laube, wie sie in den benachbarten Wallgärten hundertfach anzutreffen war. Doch neben den großartigen Villen, wenig später an der Dahlmannstraße errichtet, wurde das einstöckige Haus mit Spitzdach zu einem baulichen Zeugnis der Übergangszeit. Noch vor Jahrhunderten, auf dem Niemandsland jenseits der westlichen Festungswälle und Bastionen, war auch die einstige Reiferbahn kaum vor Angriffen geschützt. Vor etwa zweihundert Jahren wurden hinter den geschliffenen Wällen die ersten Kleingärten angelegt. Ein Menschenalter später erst entdeckten wohlhabende Wismarer die Gegend für sich, zunächst als zweites Zuhause im Grünen, später als Bauplatz für Villen mit Belletage. Rosemarie Wilcken empfindet die damalige stadtplanerische Entwicklung als äußerst gelungen. Das Wismarer Zentrum mit der noch durchgehenden Häuserzeile in der Wallstraße öffnet sich südwestlich mit der Promenade und den einzeln stehenden Wohnhäusern allmählich ins Grüne. So bleibt es vom Markt bis zu den Wallgärten ein Katzensprung. Sollten sich aber jemals Verkehrsplaner durchsetzen, die die Dahlmannstraße vierspurig ausbauen wollen, wären die sanften Übergänge zwischen den städtischen Zonen gestört. Solange Rosemarie Wilcken Bürgermeisterin war, ist dies nicht passiert. Die willensstarke, erfahrene Politikerin hat Wismar im

Ein Menschenalter später erst entdeckten wohlhabende Wismarer die Gegend für sich, zunächst als zweites Zuhause im Grünen, später als Bauplatz für Villen mit Belletage.

Blut, sagen die Leute. Die Anbindung an die Autobahn A 20, der Wiederaufbau der Georgenkirche, der mit Stralsund gemeinsam errungene Weltkulturerbe-Status – all dies ist wesentlich dem Engagement von Rosemarie Wilcken zu verdanken. Ständig hatte sie die Koordinaten im Blick, die nüchtern Standortfaktoren genannt werden. Die Werft. Den Schiffbau. Die Häfen. Und das Geschick der Leute. Melancholisches Rückschauen liegt ihr nicht, doch eines ist sicher: Männer wie Holtz und Zeller, Generationen vor ihr, hätten sie auf ihrer Seite gehabt. ◼

Es wollte immer nicht wachsen

Liebesmüh im Schlossgarten Güstrow

Heute gab es wieder eine dieser »Mach-mit«-Aktionen. Zehn Stunden für ein schönes Güstrow – so hieß das in der DDR. Aber es sollte für dieses Jahr, 1981, der letzte Arbeitseinsatz im Schlossgarten sein. Hans-Jürgen Glamann zählte die Spaten durch. Für den Fall, dass alle Schloss-Kollegen kamen und auch die von der Abteilung Volksbildung, stellte er noch die beiden alten dazu. Der eine Stiel hatte zu viel Spiel im Schaft-Ring. Das ging so nicht. Glamann schaute sich im Geräteraum um. Nein, Holzkeile hatte er hier nicht. Gesäubert hingen die Harken und der Straßenbesen an den Haken. Die Heckenschere, in Scheuertücher gewickelt, lag im Karton. In der winzigen Werkstatt nebenan fand sich ein Holzstück in der Restekiste, das sich rasch zu einem Keil sägen ließ. Der Gärtner schob ihn in den Spatenschaft und prüfte den Stiel. So sollte er halten. Glamann hörte die Stimmen auf dem Pausenhof bis in die Schlossgärtnerei. Schritte knirschten auf der Treppe. Der Mittwoch war ein guter Tag für Arbeitseinsätze.

»Du kannst dich auch nicht beklagen«, lästerte einer, »immer an der frischen Luft! Das ist doch wie Dauer-Urlaub!«

»Fast!«, lächelte Glamann und drückte dem Ersten einen neuen Spaten in die Hand.

»Im Urlaub mach' ich auch nur Garten«, sagte der hinter ihm und bediente sich selbst. »Aber da komme ich mit dem Spaten auch einen Spaten tief und nicht wie hier.«

Glamann zuckte mit den Schultern und teilte weiter aus. Zu Hause ging es bei allen leichter. Kein Boden war so hart wie der hier im Schlossgarten.

Die Damen nahmen sich Harken, Hacken und Unkrautkörbe und folgten Jürgen Vainqueur und Heinz Nitsch, den Gärtner-Kollegen von Hans-Jürgen Glamann.

Es war wie immer. Mit beiden Händen versuchten die Männer, ihre Spaten in den Boden zu rammen, doch der gab nur einen Zentimeter-Spalt frei, einen, den niemand aufbrechen konnte. Wer auf die Blatt-Kante sprang, um mit Schwung dem Boden beizukommen, kippte mit dem Spaten um. Nach drei Versuchen mochte mancher aufgeben; ein anderer war nun aber doch tiefer gekommen, ein Stückchen nur, und schon das spornte an.

Nach Stunden, als Glamann, Vainqueur und Nitsch die Spaten wieder im Geräteschuppen untergebracht hatten, waren in der Dämmerung zarte grüne Tupfen im Beet zu sehen, kunstvoll in Reihen gesetzt und symmetrisch ein Bild ergebend. So, wie die Frauen die kleinen Sommerblumen angegossen haben, Pflänzchen neben Pflänzchen, sah es nach Liebesmüh aus. Die drei Gärtner waren stolz auf ihre Zucht. 6000 Stück hatten sie in den beiden Treibhäusern gezogen. So

viele, wie der Schlossgarten jedes Jahr schluckte, gab es gar nicht zu kaufen. Blumen, auch Stecklinge, waren Mangelware in der DDR. Da konnten sie froh sein, dass sie ihre eigene Gärtnerei in unmittelbarer Schlossnähe hatten. Die beiden Glas-

> Es war wie immer. Mit beiden Händen versuchten die Männer, ihre Spaten in den Boden zu rammen, doch der gab nur einen Zentimeter-Spalt frei, einen, den niemand aufbrechen konnte. Wer auf die Blatt-Kante sprang, um mit Schwung dem Boden beizukommen, kippte mit dem Spaten um.

häuser, »Schiffe« sagte Glamann gern, stammten noch aus der Gärtnerei seines Vaters. Als der in den Ruhestand gegangen war, hatte der Sohn Gerüst und Glasplatten aufgehoben. Bruno Otto, in der Denkmalpflege und Bauleitung beschäftigt, freute sich, als der Gärtner die alten »Schiffe« angeboten hatte. Endlich musste er ihn nicht mehr mit dessen Privat-Trabant nach Potsdam schicken, um kistenweise Stecklinge von befreundeten Kollegen für den Schlossgarten nach Güstrow zu holen. Zwergdahlien, Salvien, Astern, Tausendschön und Studentenblumen konnten hier nun selbst gezogen werden.

Für den Fall, dass sie dann auch anwuchsen.

Glamann wusste, warum hier Pflanzen und Gießen oft vergebens waren. Er sah noch die Kipper, die Mitte der 1970er Jahre kolonnenweise den Aushub von der riesigen Südstadt-Baustelle

hierher gekarrt hatten. Irgendwo musste der ja hin! Und die sumpfige Fläche neben dem Schloss, in der seit Jahrhunderten das Wasser gestanden hatte, konnte endlich trockengelegt werden. Schnell-schnell, zur 750-Jahrfeier 1978 sollte hier ein üppig blühender Renaissancegarten die Besucher empfangen - ein Musterbild der DDR-

ten umschließende Teuchelbach tränkte nur den Laubengang, der zuerst angelegt wurde. Auf den aber ist Hans-Jürgen Glamann stolz. Zunächst, 1976, wurden die Fundamente gelegt und alle drei bis vier Meter ein kleiner Betonsockel gegossen, auf den später die Bügel für die Hainbuchen geschraubt werden sollten. Winzig waren die Büsche gewesen, auf dem Zeitungsfoto von 1980 kaum auszumachen. Fünf Jahre waren Glamann und seine Kollegen mit der Heckenschere an den Hainbuchen entlang gegangen und hatten in Schulterhöhe gestutzt.

Leitern anstellen? Sinnlos bei 300 Metern Hecke. Im Westen gab es fahrbare Hebebühnen, auf denen die Gärtner mit ihren Scheren wie die Englein schweben konnten, aber nicht hier, in Güstrow!

Gartenbaukünstler, die sich in der Lage glaubten, innerhalb von drei Jahren alte Herzogsträume zunächst nachzuempfinden und dann auch zu verwirklichen. In neun Garten-Quartieren sollten symmetrisch angelegte Blumenbilder entstehen, mit niedrigem Buchsbaum eingefasst und von buschigem Lavendel betörend bestimmt. Jeweils in der Mitte jedes Quartiers hätten Apfelbäume ein wenig Schatten spenden konnen, wie zu Herzog Ulrichs Zeiten.

Zwei bis fünf Meter dick wuchs die neue, lehmige Schicht aus der Südstadt, die dann von schweren Planierraupen gewalzt wurde, bis sie so verdichtet war, dass sie wie eine Wassersperre wirken musste. Bei Trockenheit konnten die Pflanzen nie Grundwasserkontakt finden, bei Regen musste die Staunässe sie ertränken. Die eingeführten Drainagerohre konnten dem kaum entgegen wirken. Und der das Areal von drei Sei-

Nun, plötzlich, ragten die Triebe übermannshoch in den Himmel. Schlossermeister Rudolf Hartwig, der auch die Gehege für den Güstrower Tierpark geschweißt hatte, montierte 136 Bögen aus Eisenrohr und Fensterfassungen für die Seitenwände der Laubengänge. Als das geschehen war, konnte Glamann schon fühlen, wie sich über ihm die Buchen schließen würden. Und der Arm reichte nicht mehr für den Schnitt. Leitern anstellen? Sinnlos bei 300 Metern Hecke. Im Westen gab es fahrbare Hebebühnen, auf denen die Gärtner mit ihren Scheren wie die Englein schweben konnten, aber nicht hier, in Güstrow! Der Schloss-Tischler Bruno Zahn wollte sich etwas einfallen lassen, hatte er gesagt. Irgendeine Lösung, die in der Höhe variabel und zudem in Fahrtrichtung beweglich war. Glamann schaute manchmal in der Werkstatt vorbei und staunte. Zahn baute eine gebogene Leiter und dazu ein Podest, das mit

Geländer wie eine kleine Tribüne aussehen sollte. Bei Bedarf musste die Leiter in dieses Podest gesteckt und die gegenüber liegende Ausgleichsfläche mit Steinen beschwert werden wegen des Gleichgewichts. Und vorwärts kommen sollte das Ding auf dem Hänger vom »Hutschi«. Natürlich. Nichts ging ohne den »Hutschi«. Das kleine, mit Benzin betriebene Gefährt war wie ein Chamäleon, mal ein kleiner, brummender Schneeschieber oder auch Rasenmäher, mal ein ausladender Heckenschneider und bei Trockenheit eine fahrende Gießkanne. Dann saß einer vorn und lenkte, und der andere kippte vom Hänger die Kannen aus. In heißen Sommern drei Mal in der Woche. Gold wert war dieser »Hutschi«! Zum Schneiden der niedrigen Hecken genügte der auf ein altes Kinderwagengestell montierte Multimax-Bohrmaschinen-Adapter, auf den nur noch der Scheraufsatz geschraubt werden musste. So konnten die Gärtner bequem Buchs und Liguster in Form halten.

Ein kurioses Gefährt gab es noch im Schlossgarten: die polternde Dieselameise mit dem Fahrerhäuschen, das irgendwie geschrumpft anmutete. Nur ein Mann hatte darin Platz. Das reichte auch, fand Hans-Jürgen Glamann. Hauptsache, sie kriegten irgendwie diesen Hektar Gartenfläche bewältigt, insbesondere sein Wasserproblem. Und den Kampf gegen das Unkraut,

das sich auch im steinharten Boden viel besser entwickelte als Buchs, Lavendel und Astern. Gut, wenn manchmal Mach-mit-Einsätze stattfanden oder Studenten sich etwas verdienen wollten.

Nichts ging ohne den »Hutschi«. Das kleine, mit Benzin betriebene Gefährt war wie ein Chamäleon, mal ein kleiner, brummender Schneeschieber oder auch Rasenmäher, mal ein ausladender Heckenschneider und bei Trockenheit eine fahrende Gießkanne.

Mit der Wende brachten werbende Handelsleute neue Ideen nach Güstrow. Es sollte nun doch kein Problem mehr geben, für das sich nicht auch eine Lösung finden würde! Also bebte wenige Tage vor der Währungsunion, 1990, die Erde. Ein Gärtnermeister aus Bad Oldesloe führte sein patentiertes Bodenlockerungsgerät vor. Mittels Pressluft sollten der Steinharte bis in beliebige Tiefen gelockert und Düngemittel nebenher über einen Druckbehälter eingebracht werden können. Wie genial! Doch wo sich diese Technik auch bewährt haben mochte, in Güstrow schlug die Lockerungsübung fehl. Die Blumenquartiere sanken wieder kesselartig ein, trockneten aus oder hielten das Wasser wie in einer Badewanne, so wie jedes Jahr. Und die Wendezeit machte es gerade dem Schlossgarten zunächst nur schwerer. Strukturen veränderten sich, Verantwortungen wechselten, Glamann und seine Kollegen wurden verabschiedet, eine Firma erhielt den Pflege-

auftrag, und die Gärtnerei wurde abgerissen. Die Güstrower sahen über die von vielen Kahlstellen durchbrochenen Symmetrien des Schlossgartens hinweg und widmeten sich den eigenen Problemen, die plötzlich ganz andere waren.

Die Kahlstellen, das Unkraut, der steinharte Boden und das leidige Wasserproblem ließen alle hier tätigen Gärtner verzweifeln. Kleine Reparaturen halfen nur für den Augenblick, lange Zeit traute sich kaum jemand, eine radikale Lösung ernsthaft zu erwägen.

Nur die dicht gewordenen Laubengänge mit den putzigen Fensterchen zur Gartenmitte ließen staunen. Ein schöner Rahmen.

Auch Dietmar Braune, im Betrieb für Bau und Liegenschaften für den Schlossgarten verantwortlich, ist vorsichtig. Erfahrungen, wie man mit zwei bis fünf Meter dicken Lehmschichten umgeht, gibt es nicht. Patentlösungen für in der DDR missglückt angelegte Renaissancegärten erst recht nicht. Aber das ist es ja gerade! Wo sonst wurde denn in der DDR versucht, einen Renaissancegarten zu schaffen? Ist das nicht beinahe einmalig? Tatsächlich gibt es ein Beispiel: den Tierpark in Berlin-Friedrichsfelde! Was aber ist das Besondere an diesen Gärten und speziell im Güstrower Schlossgarten? Nur das Dilemma, dass die Idee nicht ganz erblüht ist?

Friedrich-Wilhelm Garve und Franziska Hartz suchten als angehende Dresdener Gartenarchitekten in ihrer Diplomarbeit Lösungen für den Schlossgarten. Ein Baugrundgutachten und die inzwischen formulierte denkmalpflegerische Zielstellung stecken den Rahmen ab. Ja, der Schlossgarten soll genau so entstehen, wie die Planer es sich in den 1970er Jahren vorgestellt haben. Aber derart, dass sogar die vorgesehenen Apfelbäume in den neun Quartieren gedeihen können. Ein kompletter Austausch des verfestigten Bodens sei nicht finanzierbar, so Dietmar Braune, doch ein gutes Stück könnte schon abgeräumt werden, um Platz für gesunde Gartenerde zu schaffen. Drainage- und Belüftungssysteme sollen das Bewässerungsproblem auf sensible, dauerhafte Weise lösen. Dann werde der Effekt entstehen, der bei Dachbegrünungen immer wieder staunen lässt. Buchsbaum, Lavendel, Tausendschön und Salvien können gedeihen und werden den tiefer liegenden Rest der harten Kruste nicht mehr spüren. Von drei Seiten umschlossen bleibt der Garten von den wunderbaren Laubengängen mit den Fensterchen zur Mitte.

Ein Traum? Hans-Jürgen Glamann zuckt mit den Schultern. Aber falls der doch in Erfüllung geht, will der Gärtner nicht mehr an die vielen kaputten Spaten seiner Dienstzeit denken.

Dann will er sehen, ob das Blühen üppig bleibt und ob es eine Lust sein wird, hier zu verweilen. Lustgarten. So hieß dieses Fleckchen Erde bei den Herzögen. ◼

Menuhins Hände

Festspielvergnügen in Ulrichshusen

Beethoven. Violinkonzert D-Dur, opus 61. Veronika Eberle lässt sie beinahe reglos an sich vorüberziehen, diese vier sanften Paukentöne, die das erste Allegro anschieben, sich in das Bläsermotiv drängen und dann von den Geigen übernommen werden. Die 22-jährige im weiß funkelnden Kleid hält ihre ruhende Stradivari am Körper und wirkt fast entrückt. Erst als das Pauken-Motiv alle Orchesterstimmen beherrscht und kraftvoll gebündelt Raum verlangt, verrät die Musikerin Spuren ihres Temperaments. Plötzlich taucht sie auf, spielt sich mit einer getupften Aufwärtsmelodie hinein in das rasante Abenteuer. Beethoven. Die Anspannung weicht aus manchen Gesichtern, als

seien viele der Besucher erst jetzt richtig angekommen.

Wenn das innere Mitfiebern die Fingerspitzen erreicht hat und die Hände das Programmheft umso fester halten müssen, atmen sie aus. Ja. Ulrichshusen. Die Scheune. Wieder hier sein. Das wievielte Mal eigentlich in den sechzehn Jahren? Jedes Mal die Sorge, noch rechtzeitig anzukommen, dann in der Eile den Blick vom Hügel nicht mehr genießen können und sich in der Hitze einreihen in den Menschenstrom. Die Ansage: Ab Reihe 20 aufwärts benutzen Sie bitte den hinteren Tor-Eingang! Klar, das riesige Scheunentor auf der Rückseite. Doch alle drängt es immer vorn durch den Seiteneingang, damit sie kurz der Büh-

ne nah sein können und vielleicht in den Reihen sehen, wer noch gekommen ist. Sicher waren die meisten wieder klüger und einfach früher da, haben sogar das Schlossherren-Ehepaar begrüßen können. Vielleicht! Falls Alla und Helmuth von Maltzahn zufällig auf der Restaurant-Terrasse

ge über Ulrichshusen, dann ging dort niemand mehr hin zu den Trümmern, und der Ruinenhügel wucherte zu wie im Märchen.

Helmuth von Maltzahn, geboren 1949 in Stade, hat es immer nach Mecklenburg gezogen. Doch das lag in der DDR. Helmuths Vater hatte ihm und den Geschwistern einst Fritz Reuter vorgelesen. Das weiß er noch. Auch, dass die Schwestern dann aus Spaß Lining und Mining genannt wurden. Wir stammen doch aus Mecklenburg, hatte der Vater immer gesagt. Da sind die Maltzahns her! Zwar waren die verstreuten Familien-Anwesen enteignet

Drei Tage und Nächte fraß sich das Feuer durch die modrigen Etagen. Es nagte am Gebälk, bis der Dachstuhl einstürzte, und ließ auch nicht ab von den Resten, die in den Saal gefallen waren. Rauchschwaden hingen noch lange über Ulrichshusen.

vor dem ehemaligen Pferdestall mit Hausgästen zusammen saßen. Oder mit Musikern. Doch das eher nach dem Konzert, abends, beim Krebsessen. Zum Sonnenuntergang. Einen Tisch weiter sitzen dürfen und versonnen den Gesprächen lauschen, das Schloss gegenüber sehen, hinter dem Graben. Das Gemäuer hält schon fast 550 Jahre. Besser gesagt: Teile der Außenmauer, sichtbare Abschnitte in der Fassade. Nur die...

Baufällig war das Schloss in den 1980er Jahren längst gewesen. Ungenutzt Wind, Wetter und Vandalismus preisgegeben, geriet es am 4. Februar 1987 in Brand. Drei Tage und Nächte fraß sich das Feuer durch die modrigen Etagen. Es nagte am Gebälk, bis der Dachstuhl einstürzte, und ließ auch nicht ab von den Resten, die in den Saal gefallen waren. Rauchschwaden hingen noch lan-

und die Schlösser als Konsum-Verkaufsstellen oder Gemeindebibliotheken anders genutzt oder sogar abgebrannt, aber die Ahnen haben dort, in Mecklenburg, gelebt. Über Jahrhunderte.

Als der Nachkomme dann einmal sein Mecklenburg in der Noch-DDR besuchte, fand er in Gültz das Grab der Großmutter ohne Kreuz. Sie war 1943 verstorben. Für ihn war es symbolisch, der Grabstelle den Namen zurückzugeben. Maltzahn.

Helmuth von Maltzahn ist Realist, Träumer auch und Geschäftsmann. Ja, ab 1990 suchte er durchaus ein Familienanwesen, das er zurückkaufen konnte, sanieren und beleben. Aber niemandem wollte er damit etwas wegnehmen. Da bot sich doch Ulrichshusen geradezu an? Im August 1993 reiste er mit seiner Familie zum ersten Mal hierher. Die kümmerlichen Reste des

ältesten, einst majestätischen Familien-Anwesens schockierten seine Mutter: Nicht das! Es sei zu kaputt, er würde sich übernehmen. Doch der damalige Geschäftsführer eines Kosmetik-Konzerns drang durch das Dickicht, kletterte auf den Trümmern umher und war schnell besiegt von seinen Visionen. Er würde das Schloss wieder aufbauen, dabei den Dorfbewohnern Arbeit geben und Kultur in diesen malerischen, verschlafenen Landstrich bringen. In Ulrichshusen wird es Konzerte geben. Alla, seine Frau, nickte. Sie wusste, es hatte keinen Zweck ihn zu warnen. Hatte er doch gerade Schloss Braunshardt, den großelterlichen Besitz der Königin Luise, gerettet! Er würde auch hier nicht aufgeben, sich von den Denkmalschützern auf die Finger schauen lassen und gewinnen. Helmuth von Maltzahn gewann immer. Und während seine Mutter sich abwandte, weil sie die Waghalsigkeit des Sohnes nicht ertragen konnte, kletterte er auf einen brüchigen Mauersims, um von hier aus die alten Sichtachsen durch den Park zu suchen. Doch der Park war ein undurchdringliches Durcheinander von Baumkronen, Buschwerk und einigen dickstämmigen Riesen geworden. Immerhin konnte Maltzahn von hier oben den See sehen. Morgens wird er hier baden gehen mit den Kindern. Ja, gebt mir ein paar Jahre.

Er hörte ein verhuschtes Flattern hinter sich, als er vorsichtig zurückstieg, und sah aus dem Augenwinkel einen kräftigen Vogel, der über ihm im Schatten Halt suchte. Eine Eule.

Unten angekommen, die Jacke abklopfend und jetzt schon eine vielleicht aufkeimende Bestätigung im Blick der Mutter suchend, entdeckte er einen Fleck auf seiner Schulter. Da bedurfte es

kaum noch eines Wortes. Ein Uhlenschiss!, lachte er übermütig. So ein Zeichen hatte er immer für sich gedeutet und war gut damit gefahren.

Vom Feuer unberührt geblieben waren die Ställe und die Scheune. Scheunen waren als Konzert-Aufführungsorte durchaus angesagt, warum sollte diese nicht zum Festspielort in Mecklenburg-Vorpommern taugen? Zwar war der Giebel eingestürzt, das Dach undicht, und im verrotteten Stroh lagen meterhoch Schutt und Gerümpel, aber Helmuth von Maltzahn blickte nach vorn. Er kannte die Möglichkeiten und Auflagen des Denkmalschutzes, wusste von Fördertöpfen und Arbeitsbeschaffungsmaßnahmen, hatte Feuer im Blick und Energie, die mitriss. Bald hatte er mit seinem Eifer das Dorf angesteckt. Der schafft ja wirklich Arbeit, murmelten die Leute. Da passiert ja was!

Als er dann von einem Scheunenfenster durch das gegenüberliegende in die Landschaft schauen konnte, hatte er den Festspielleiter längst schon angerufen. Matthias von Hülsen sollte sich die Scheune ansehen und am besten gleich sagen: Ja, ich hole sogar den Menuhin her! Der wird hier spielen.

Im Januar 1994 stand von Hülsen dann wirklich in der Scheune und prüfte, wie tragfähig seine Entscheidung sein konnte, falls er sich von den blitzenden Augen des Schlossherrn anstecken lassen würde. Klar zweifelte er. Längst sind seine damaligen Bedenken in den Programmheften der Festspiele zu lesen.

Doch Yehudi Menuhin kam wirklich. Um von allem Provisorischen abzulenken, hatte Helmuth von Maltzahn Fahnen nähen lassen. Er war vorsichtig. Es sollte nicht so aussehen, als wollte sich der Gutsherr mit seinem Blau-Gelb nun über alle stellen. Der Bürgermeister, Dirk Stolz, der längst sein Freund geworden war, bestätigte: Das sind doch die Farben des Dorfes! Warum wohl? Die Maltzahnschen Vorfahren hatten im Dorf auch diese Spuren hinterlassen. Zum hundertsten Mal klopften sich die Männer lachend auf die Schultern.

Fahnen vor der Scheune, gewundene Erntekränze innen an den Wänden; das lenkte die Blicke nach oben. Schwalben kreuzten durchs Gebälk. Menuhin hatte seinen Spaß. Und das Publikum feierte ihn und nahm die Scheune ganz selbstverständlich an. Damals hat es für jeden Zuschauer ein Glas Sekt gegeben. Und aus der Schlossruine stieg ein Feuerwerk in den Himmel. Da staunten auch die Kinder! Hatten sie doch gerade Grausiges gehört, während ihre musikbegeisterten Eltern in der Scheune saßen. Sie waren der Mutter des Bürgermeisters vor den Bullenstall in die Nähe der knorrigen Eiche gefolgt. Das war ein Hexenbaum. Der Hexenbaum von Ulrichshusen! Und eigentlich steht der für einen Arbeitsmann, der vor Jahrhunderten genau an dieser Stelle verbrannt worden sein soll, weil er wohl hexen gekonnt hat. Dabei kannte er sich vielleicht nur besonders gut mit dem Wetter aus oder er hatte bei all seiner Erfahrung einfach nur ein natürliches Gespür dafür, was praktischerweise wann zu tun war. Als er sich einmal geirrt hatte, wurde er wegen Hexerei an einen Pfahl gebunden und das von den Dorfbewohnern gesammelte Reisig zu seinen Füßen angezündet. Der Sage nach schoss aus der Asche dann dieser Baum hervor, vielarmig und stark.

Veronika Eberle, Publikumspreisträgerin der Festspiele MV 2004, begann gerade das Geigenspiel zu lernen, als Yehudi Menuhin 1994 in Ulrichshusen dirigierte. Der Altmeister kam wieder und aß mit der einst etwas skeptischen Mutter Helmuth von Maltzahns Kartoffelsuppe in der Küche des restaurierten Torhauses. Längst fühlte sie sich wohl hier. Jahr für Jahr konnten die Besucher sehen, wie es voranging mit dem Wiederaufbau. Im Park nahm der Landschaftsarchitekt Stefan Pulkenat weg, was dort nicht hingehörte, und stellte die alten Sichtachsen wieder her. Alla und Helmuth von Maltzahn eröffneten ein Restaurant im Pferdestall und ließen dem Gebäude doch den Charme seiner alten Bestimmung. Das war Grundprinzip in Ulrichshusen. Ferienwohnungen und Hotelzimmer wurden eingerichtet, und im Jahre 2000 zog Alla mit den Töchtern in den Torflügel des Schlosses. 2002 wechselte auch Helmuth von Maltzahn hierher. Seitdem ist es so, als wäre hier schon immer die Weltelite aufgetreten. Senta Berger, Armin Müller-Stahl, Daniel Hope, Viviane Hagner, Bruno Ganz, Igor Oistrach, Julia Fischer, Mstislaw Rostropowitsch, Anne-Sophie Mutter, Fazil Say... Helmuth von Maltzahn kann gar nicht alle Künstler aufzählen, die er hier schon begrüßt,

bewundert und aus der Nähe beobachtet hat. Seit Jahren ist er im Vorstand der Festspiele MV, seit 2009 im Aufsichtsrat.

Yehudi Menuhin, 1999 verstorben, hat die Feldsteinscheune einst zum Konzertsaal gemacht. Seine Aura bleibt. Und der Enthusiasmus des Helmuth von Maltzahn beflügelt immer wieder neue Visionen. Weil man nicht mehr glaubt,

Als er sich einmal geirrt hatte, wurde er wegen Hexerei an einen Pfahl gebunden und das von den Dorfbewohnern gesammelte Reisig zu seinen Füßen angezündet.

dass einer hier hexen kann, traut man ihm einfach zu, was er vorhat. Das Dorf macht mit. Ein Nachbar hat an seinen Backstein-Schuppen ein Transparent mit dem Foto Menuhins aufgehängt - das greise Gesicht von der Seite, die Hände im Scheinwerferlicht. Eine leichte Brise vom See weht unter das Bild, wirbelt den Stoff auf und bringt Bewegung in das Antlitz und die Hände. Eine Illusion nur. Aber eine passende: Applaus. ◼

Doch wird das Wetter woanders gemacht

Die Insel Hiddensee und Stefan Kreibohm

Wieder nicht getroffen! Der Rettungskanonier stutzte. Sollte ihm der 29. Juli 1909 nur Pech bringen? Er war nur ein Fischer aus Vitte, doch seit sie den Raketenapparat hier auf der Insel hatten, stand meist er an der Kanone. War das Ding etwa nicht genau justiert? Oder hat eine Böe die Leine mitgerissen? Ruhig bleiben. Die Männer müssen von Bord kommen, noch ehe der Frachter sinkt. Jetzt.

Ohne sich von den entsetzten Schaulustigen irritieren zu lassen, zerrten die Fischer am Strand das Seil aus den Wellen und richteten die Kanone wieder ein. Beim erneuten Zünden der Wurfmaschine hatte der Kanonier ein gutes Gefühl. Der Anker schleuderte direkt auf die Galeas »Sophie« zu, deren Masten schon bedrohlich schräg in den Himmel ragten, und verfing sich. Erleichtert stemmte er die Hände in die Hüften. Jetzt sollten die Stettiner den Flaschenzug am Wrack festmachen, das Jolltau ziehen und die Hosenboje einhaken. Dann bräuchten sie nicht noch das Rettungsboot holen. Wenn nur die schwatzenden Weiber, Badegäste, endlich Ruhe hielten! Anpacken könnte keine von denen. Aber wissen wollten sie alles. Wann die Unseligen denn da runter kämen von Bord? Das dauerte doch wohl alles viel zu lange? Das Schiff sank ja längst! Das sah er auch. Mein Gott, das Rettungsboot musste doch los. Männer, packt an!

Nach zwei Stunden wackelte die Hosenboje in Richtung Strand. Schiffsjunge Emil Gallwitz, bis vor kurzem noch Schreiber bei einem Stettiner Rechtsanwalt, hielt sich krampfhaft an den Seilen fest. Die Männer am Strand zogen am Jolltau und sahen den Jungen stoßweise näher rutschen. So war es richtig. Unter dem Seil schwammen schon Wrackteile und Stücke der Ladung. Der Frachtsegler hatte Briketts an Bord gehabt. Plötzlich schlug den Männern das eigene Tau entgegen. Die Boje prallte auf das Wasser, wurde wieder in die Höhe gepeitscht, trudelte im Kreis ein Stück ein und wieder zurück. Das Zugseil war gebrochen. Gellend schrieen einige Weiber am Strand. Eine Professorentochter aus Holstein, die auf Hiddensee hatte genesen wollen, rannte gar

te Seelen nach Hiddensee, die dem Anblick eines Schiffsunglücks einfach nicht gewachsen waren. Über die Holsteiner Professorentochter war am 13. August 1909, gut zwei Wochen nach dem Unglück, in der Mecklenburgischen Zeitung zu lesen, dass sie wahnsinnig geworden sei und in die psychiatrische Klinik Greifwald eingewiesen werden musste. Dort hätten ihr die Ärzte jedoch gute Heilungschancen vorhergesagt.

Emil Gallwitz war bewusstlos aus der Hosenboje gerettet worden und konnte von Dr. Zanke am Strand mit einer Kampferinjektion reanimiert werden. Kunstmaler Felix Krause richtete dem erschöpften Jungen ein Bett her, während Kapitän Speck und der Matrose Hagenow aus Hamburg mit dem Rettungsboot sicher an Land kamen. Die Galeas »Sophie« war zerborsten, die Ladung verloren, doch die Besatzung hatte Glück gehabt. Dessen eingedenk hielt Hauptmann a.D. von Voss noch am Strand eine kleine Rede über

Plötzlich schlug den Männern das eigene Tau entgegen. Die Boje prallte auf das Wasser, wurde wieder in die Höhe gepeitscht, trudelte im Kreis ein Stück ein und wieder zurück. Das Zugseil war gebrochen. Gellend schrieen einige Weiber am Strand.

in das flache Wasser, um dem Jungen zu Hilfe zu eilen. Sinnlos. Sie wankte hysterisch schluchzend zurück und fiel in Ohnmacht. Vorsichtig wurde sie zu den anderen kollabierten Damen getragen und wieder zur Besinnung gebracht. Man kümmerte sich umeinander. Doch während die Fischersfrauen hier nichts mehr erschüttern konnte nach den Sturmfluten der letzten Jahrzehnte, brachte der gerade aufkeimende Inseltourismus zart besaite-

die Deutsche Gesellschaft zur Rettung Schiffbrüchiger und begann für die Gestrandeten Geld zu sammeln. 140 Reichsmark konnte er ihnen übergeben.

Warum der Segelfrachter »Sophie« Leck schlug und strandete?

Stefan Kreibohm im Wetterstudio Hiddensee betrachtet die alten Wetterkarten auf dem Bildschirm. Zumindest die Luftdruckverhältnisse wurden im

Sommer 1909 schon regelmäßig dokumentiert. Am 28. Juli muss noch schönstes Badewetter gewesen sein. Aber über Dänemark lag schon ein kleines Tief. Es war ein wechselhafter Juli, durchaus! Ja, und in der Nacht zum Donnerstag entwickelte sich das Tief ganz schnell zu einem Sturmtief, das in Richtung Baltikum davon tobte. Kreibohm spricht wie sonst im Fernsehen, kurz vor der Tagesschau. Möglich, dass Kapitän Speck auf seiner Fahrt von Stettin nach Westen eine kleine Kollision hatte. Denn dass da plötzlich ein Leck an der Bordwand war, mit dem er nicht fertig wurde, ist belegt. Das Schiff auspumpen konnte er nicht. Nein, nicht bei diesem Sturm. Die Strandung muss seine letzte Hoffnung gewesen sein.

Ob er überlebt habe, fragt Stefan Kreibohm nebenher. Das Wetter sei dann nämlich wieder schön geworden!

Er dreht sich weg vom Bildschirm, setzt Kopfhörer auf und rollt mit seinem Bürostuhl an den anderen Schreibtisch, auf dem die Übertragungstechnik blinkt. Schwungvoll drückt er den Knopf, mit dem er sich in eine Radiosendung klinkt, und reagiert sofort auf einen kleinen Scherz. Kein count down. Nur ein kurzes Straffen der Schultern. Einmal ausatmen. Der Wind würde drehen, sagt er in anderem Tonfall, man solle die letzten Sonnenstrahlen nutzen, von Westen komme eine Regenfront, die Mecklenburg schon am frühen Morgen streifen werde. Dann schaut er kurz auf den Satellitenfilm, sieht die Regenfront wandern und klickt auf die Seite mit den Temperaturwerten. Die eingetragenen Zahlen stehen dicht an dicht. Bodenfrost? Ja, in der Nacht. Er wartet noch einen Moment, ehe er die Kopfhörer ablegt, schwungvoll die OFF-Taste

neben der On-Air-Anzeige drückt und routiniert wieder zurückrollt.

Bodenfrost. Ja, natürlich denke er für die Kleingärtner mit, auch für die Segler und Surfer. Eine Wettervorhersage sei nie Selbstzweck. Immer häufiger muss er vor wechselnden Winden warnen, die

Nordwest. Für die Insulaner klingt allein das Wort wie ein Fluch. Erinnern sie sich doch an den Orkan Kyrill. In der Nacht vom 18. zum 19. Januar 2007 wurde ganz Deutschland in eine Abwartestarre versetzt. Züge stoppten auf freier Strecke, Brücken wurden gesperrt, Kinder am Morgen nicht in die Schule geschickt. Ausnahmezustand.

über der Ostsee urplötzlich auf Nordwest drehen und dann auch die Wellenrichtung ändern. Da entstehen Wellenhöhen, die sind für Freizeitskipper unberechenbar und kreuzgefährlich.

Nordwest. Für die Insulaner klingt allein das Wort wie ein Fluch. Erinnern sie sich doch an den Orkan Kyrill. In der Nacht vom 18. zum 19. Januar 2007 wurde ganz Deutschland in eine Abwartestarre versetzt. Züge stoppten auf freier Strecke, Brücken wurden gesperrt, Kinder am Morgen nicht in die Schule geschickt. Ausnahmezustand. Erst recht auf Hiddensee. Das andauernde, blitzlose Donnergrollen mitten im Rauschen der Orkan-Wellen blieb manchem bis zum Morgen ein Rätsel. Dabei war es einfach das Spiel des Wassers mit den faustgroßen Steinen am Strand, die in den Wellen meterhoch gegeneinander schlugen. Der Sandstrand war am Morgen weggespült und mancher Baum abgeknickt, doch die befürchteten Jahrhundertschäden blieben aus. Stefan Kreibohm hatte gerade keinen Dienst auf der Insel. Die Anorakkapuze fest um das Gesicht geschnürt, stellte sich sein Kollege vor die Fernsehkamera, im Hintergrund der Leuchtturm. Sichtlich bemüht stemmte er sich dem Wind entgegen, so dass man ihm das trockene Studio gewünscht hätte, doch die Zuschauer lieben es, den Meteorologen mitten in seinem Wetter stehen zu sehen. Obwohl die Wetterlage auf Hiddensee oft etwas anders sei, sagt Kreibohm. Eine Buchverkäuferin, seit mehr als zehn Jahren saisonweise auf der Insel, versteht nach dem Orkan »Kyrill« plötzlich die raue Schale mancher Einheimischer. Wer mit den Elementen lebt, passt sich ihnen an. Irgendwie.

Manchmal sind die aber noch stärker.

Bei einem Sturmhochwasser 1864 ist Hiddensee südlich von Neuendorf, am Schwarzen Peter, auseinander gebrochen. Das legendäre Unwetter im November 1872 vergrößerte den Abstand zwischen dem abgetrennten Gellen und der Insel sogar noch. 250 Meter breit und sieben Meter tief soll die Schneise gewesen sein. Mit Unterstützung des Kaisers wurden die beiden Teile 1875–1878 wieder zusammen geflickt. Aufschüttungen und ein gepflasterter Damm sichern die schwache Stelle heute noch. Geblieben ist der Goldschatz, den dieses Hochwasser entweder auf die Insel getragen oder aus dem Strandsand gespült hat - eine Sensation unter den bisher nachgewiesenen Goldschmiede-Arbeiten der Wikinger. Der filigrane 16-teilige Halsschmuck wird jetzt in Stralsund aufbewahrt.

Stefan Kreibohm liegt gut in der Zeit, doch er packt schon mal zusammen, was er für die Wettervorhersage im NDR-Nordmagazin braucht. Die Kamera schiebt er in seinen Rucksack, Zubehör und Stativ können einfach im Anhängewagen des Elektrofahrrads verstaut werden. Zum Dornbusch fährt er heute nicht hinauf, das Licht stimme nicht. Ob er sich vielleicht einmal auf den Friedhof stellen könnte, dort, wo die Palucca liegt und Gerhart Hauptmann und die vielen Fischer von Hiddensee? Kreibohm schüttelt den Kopf. Keine Grabkreuze in der Vorhersage. Oh, nein. Aber an die Kirche von Kloster? Ausprobieren! Auf den nur zweihundert Metern bis zum Ziel grüßt er zehn Mal. Niemand fragt ihn nach dem Wetter. Die Fuhrleute und Fischer hier wissen, das verrät er nicht im Vorbeifahren. Heute vor der Kirche, Stefan? Ja, mal sehen. Bleibt es so schön?, fragt ein anderer nun doch. Kreibohm schüttelt den Kopf. Flugs sind die Stativbeine ausgefahren, die Kamera klickt auf dem Adapter ein. Er dreht das kleine Display so, dass er es bei der Aufnahme sieht, nimmt das Mikrofon mit dem puscheligen Windschutz in die Hand und macht sich gerade. Seine Höhe stimmt noch nicht.

Entweder ist die Spitze vom Kirchendach nicht mit im Bild oder er nur ab Kinn zu sehen. An der Kaufhalle lehnen ein paar Euro-Paletten. Drei stapelt er übereinander. Das geht schneller als das Gefummel am Teleskop-Stativ. Jetzt stimmen der Winkel, seine Höhe und ja, das ganze Bild. Drei, zwei, eins... Ohne Zettel. Wer seit früh halb fünf die Wetterlage beobachtet, hat sie nachmittags im Kopf, lacht er, und trägt die drei Paletten zurück. Jetzt muss die Aufnahme zum NDR überspielt werden. Vielleicht sehen ihn seine Söhne auf Rügen heute Abend im Fernsehen. Der achtjährige Ältere hat schon den

> Auf den nur zweihundert Metern bis zum Ziel grüßt er zehn Mal. Niemand fragt ihn nach dem Wetter. Die Fuhrleute und Fischer hier wissen, das verrät er nicht im Vorbeifahren.

Blick für Wetterprognosen, analysiert gern Wolken und wird seiner Mutter erklären, warum der angekündigte Bodenfrost noch nicht der letzte sein muss. Annett Kreibohm, selbst Meteorologin, mailt dies als Abendgruß auf die Insel, denn selten kommt ihr Mann während seines Zehn-Tage-Einsatzes nach Hause. Nach zwölf Stunden Dienst lohnt sich die Überfahrt nicht. Stefan Kreibohm wird dann ein wenig zum Inselmenschen, fotografiert den Sonnenuntergang und die aufgewühlte See oder schaut den heimkehrenden Fischern zu. ◼

Literaturverzeichnis

Alvermann, Dirk: Crivitzer Chronik / Herausgeber des Manuskriptes: Kulturinitiative Maurine-Radegast, 1999

Bennewitz, Inge; Potratz, Rainer: Zwangsaussiedlungen an der innerdeutschen Grenze: Analysen und Dokumente. – Berlin: Ch. Links Verlag, 2002

Bock, Sabine; Conrades, Rudolf: Georg Adolph Demmler: einige Notizen aus meinem Leben 1804-1886. – Schwerin: Thomas-Helms-Verlag, 2005

Borchert, Friedrich-Wilhelm: Nonne, Mönch und Klosterstein. – Schwerin: Historisches Museum, 1993

Borchert, Friedrich-Wilhelm: 800 Jahre Wickendorf / 1189-1989. – Schwerin: Historisches Museum, 1989

Borchert, Jürgen: Mein mecklenburgischer Zettelkasten. - Rostock: Hinstorff, 1985

Borchert, Jürgen: 150 Schweriner: Persönlichkeiten aus der Kulturgeschichte. – Schwerin: Demmler-Verlag, 1992

Braasch, Reinhard: Sternberger Gestein: eine geologische Kostbarkeit aus Mecklenburg-Vorpommern. – Raben Steinfeld, 2009

Bülow, Werner von: Mecklenburg-Vorpommern, ein Geschenk der Eiszeit: eine kurze Erdgeschichte in Bildern. – Schwerin: Thon, 1996

Burmeister, Frank; Mark, Christine: Schloss Bothmer in Mecklenburg: Entstehung, Wandel und Vision. – Grevesmühlen: Nordwest Media Verlag, 2006

Chronik der Stadt Crivitz / Herausgegeben anlässlich der 750-Jahrfeier durch die Stadt Crivitz, 2000

Demmler, Georg Adolph: Der Erweiterungs- und Verschönerungsplan der Residenzstadt Schwerin in seiner Entstehung und geschichtlichen actenmässigen Entwickelung von 1862 bis Ende August des Jahres 1866. – Schwerin: August Hildebrand, 1866

Eichhoff, Jürgen: Die Sprache des niederdeutschen Reepschlägerhandwerks. – Köln: Böhlau, 1968. – (Niederdeutsche Studien; Band 16)

Franck, Bernd: Frankenhorst. – Manuskript, o.J.

Der Friedhofswegweiser. – Schwerin: Mammut-Verlag, 2008

Garve, Friedrich-Wilhelm; Hartz, Franziska: Schlossgarten Güstrow: Gutachten über Bedeutung und Ausbesserung des »Renaissancegartens« der 1970er Jahre. - Diplomarbeit der Technischen Universität Dresden, 2008

Hans-Franck-Bibliographie / Bearbeitet von Heidemarie Sobotha. – Schwerin, 1969

Hatton, Ragnhild: Georg I.: Ein deutscher Kurfürst auf Englands Thron. – Frankfurt / M.: Societäts-Verlag, 1982

Hiddensee A-Z. – Schwerin: Demmler-Verlag, 1994

Kiecksee, Heinz: Die Ostsee-Sturmflut 1872. – Heide: Boyens & Co, 1972

Leben ist Liebe: Briefe von und an Hans Franck / hrsg. von Werner Stockfisch. – Rostock: Hinstorff, 2006

Minney, R. J.: Downing Street Nr. 10. – München: List, 1965

Oldag, Karl-Heinz: Unvergessen: Ihre Namen kennt man noch – ein Spaziergang über den Alten Schweriner Friedhof. – Schwerin: Stock & Stein, 1996

Schwerin: Geschichte der Stadt / Bernd Kasten und Jens-Uwe Rost. – Schwerin: Thomas-Helms-Verlag, 2005

Techen, Friedrich: Geschichte der Seestadt Wismar. – Schwerin: Stock & Stein, 2003

Toben, Karin: Heimatsehnen: Zwangsaussiedlungen an der Elbe zwischen 1952 und 1975 / ein Erinnerungsbuch / Herausgeber: Verein für Bürgerbegegnung im Amt Neuhaus e.V., 2008

Willgeroth, Gustav: Bilder aus Wismars Vergangenheit. – Wismar: Willgeroth & Wenzel, 1903

Wolf, Christa: Ein Tag im Jahr: 1960 – 2000. – München: Luchterhand, 2003

Impressum

© Schelfbuch Verlag UG (haftungsbeschränkt), Schwerin
www.schelfbuch.de

Texte
Katrin Sobotha-Heidelk, Schwerin

Fotos
Jörn Lehmann, Zittow
www.lehmann-photo.de

Gestaltung
Maik Gleitsmann - Büro für visuelle Gestaltung, Schwerin
www.maikgleitsmann.de

Druck
Turo Print GmbH, Schwerin
www.turoprint.de

ISBN 978-3-941689-08-4